Friedrich Meinecke

Die deutschen Gesellschaften und der Hoffmannsche Bund

Friedrich Meinecke

Die deutschen Gesellschaften und der Hoffmannsche Bund

ISBN/EAN: 9783743476479

Hergestellt in Europa, USA, Kanada, Australien, Japan

Cover: Foto ©Suzi / pixelio.de

Weitere Bücher finden Sie auf **www.hansebooks.com**

Die

Deutschen Gesellschaften

und der

Hoffmannsche Bund.

Ein Beitrag zur Geschichte der politischen Bewegungen in
Deutschland im Zeitalter der Befreiungskriege

von

Friedrich Meinecke.

Stuttgart 1891.
Verlag der J. G. Cotta'schen Buchhandlung
Nachfolger.

Alle Rechte,
insonderheit in Beziehung auf Ueberfetzungen, find von der
Verlagshandlung vorbehalten.

BURDACH

Vorwort.

Bei allem Traurigen, was die Karlsbader Beschlüsse im Gefolge gehabt haben, ist aus ihnen für die historische Forschung wenigstens ein Gutes erwachsen. Wer die Entstehungsgeschichte unserer politischen Parteien studieren will, findet in den gewaltigen Aktenmassen, welche die Mainzer Zentraluntersuchungs=Kommission zusammengebracht und den Bundesregierungen mitgeteilt hat, ein Material, welches für die Zwecke jener Kommission selbst keineswegs ausreichend gewesen ist und ihr durch seine Lückenhaftigkeit manchen Seufzer entpreßt hat, aber dem späteren unbefangenen Forscher wertvolle Quellen bietet, von denen sonst der größte Teil verloren gegangen wäre.

Es versteht sich von selbst, daß in der vorliegenden Arbeit, wo sie irgend erreichbar waren, die originalen Aktenstücke oder wenigstens Abschriften von solchen und nur im Notfall die aus ihnen schöpfenden, zusammenfassenden Vorträge und Berichte der Mainzer Kommission benutzt worden sind, deren Tendenz bekannt ist. Die citierten Archivalien entstammen, wo nicht anders bemerkt ist, dem Berliner Geh. Staatsarchive. Einige wertvolle Stücke bot das Staatsarchiv in Wiesbaden, dessen Vorstand, Herr Archivrat Dr. Sauer, mit verwandten Studien beschäftigt, auch sonst meine Arbeit freundlichst gefördert hat. Eine dankenswerte Mitteilung erhielt ich auch aus dem Körnermuseum in Dresden.

Fr. M.

Als Goethe im Hochsommer des Jahres 1814 im Rheinlande weilte, versammelte die Rochuskapelle bei Bingen, die von den Franzosen als guter Luginsland zu militärischen Zwecken gemißbraucht worden war, zum erstenmal seit Jahren wieder zum Feste des Heiligen die Scharen der Gläubigen. Mit warmer Freude und künstlerischem Wohlgefallen nahm Goethes Auge die Wiederherstellung der alten frommen und heiteren Gebräuche wahr. Man fühlt seiner entzückenden Schilderung nach, wie er hier in harmonischer Stimmung aufatmete von den ihn beklemmenden Eindrücken der letzten unruhigen Jahre. Er sah die Kinder froh und wohlgemut bei dem ihnen neuen, heiteren Ereignis, die jungen Leute gleichgültiger als in böser Zeit geboren und die Alten gerührt über die Wiederkehr eines glücklichen Zeitalters. Er konnte oder wollte nicht sehen, wie gerade in dieser Bevölkerung um Main und Rhein eben damals noch Gedanken ganz andrer Art sich regten, die nicht außer Zusammenhang mit dem von ihm selbst geweckten Geiste standen, zwar noch nicht die Massen erfüllend und in großen und klaren Erscheinungen sich äußernd, aber in kleineren Kreisen sehnsüchtig und leidenschaftlich nach Gestaltung ringend.

Man kam nicht los von dem Schauspiel, daß die Nation bei ihrer noch eben bewiesenen Fülle von moralischer Kraft und bei dem heißen Drange ihrer Wortführer nach politischen Zielen doch so zerfahren und unfruchtbar in der Schaffung eines politischen Programmes war. Es ist nicht verwunderlich, wenn Goethe damals dieser Bestrebungen nicht achtete. Aber

warum war denn, wie Gervinus bereits urteilte,[1] „so gering
die praktische Kenntnis, so wenig klar der politische Begriff, so
trüb und idealistisch jeder Ratschlag", während die Nation das
Eine, was vor allem Not war, das Bewußtsein ihrer selbst
jetzt eben wiedergewonnen. Warum war denn, wie Treitschke
meint,[2] „das schöpferische politische Vermögen in dem unge=
heuren Ringen um die Befreiung des Vaterlandes darauf ge=
gangen," während doch sonst im Gegenteil so oft geistige Kraft
in dem Ringen um höhere Ziele sich nicht erschöpft, sondern
vervielfältigt. Mustert man, um der Frage auf den Grund
zu kommen, die politische Flugschriftenlitteratur jener Jahre
durch, so hält man bald ratlos inne gegenüber ihrem wirren
Durcheinander. Man merkt, daß man zum vollen Verständnis
der öffentlichen Meinung nicht kommt, wenn man ihre breite
Oberfläche abbaut und ihre zu Tage liegenden Aeußerungen mit=
einander vergleicht und subsumiert, und will man auf diesem
Wege Gesetze finden, so erhält man statt der Quintessenz des
Geistes, die man zu fassen vermeinte, nur einige ungenügende
Formeln. Fruchtbarer ist es, unter vorläufigem Verzicht auf
solche systematische Kenntnis, hier und da an einzelnen Punkten
in die Tiefe zu gehen, einzelnen Individuen oder kleineren
Kreisen politischer Thätigkeit nachzuforschen.

Will man nach der zuerst geschilderten Methode das Fazit
aus der öffentlichen Meinung in Deutschland zwischen den
Kriegen 1813/14 und 1815 ziehen, so ist etwa zu sagen, daß
Gemeinsinn der Gedanke ist, der überall wiederkehrt. „Ge=
meinsinn zu erwecken, die deutsche Nationalwürde zu erheben,
Haß gegen fremde Unterjochung und Vertrauen zu uns selbst
einzuflößen," gaben die „Deutschen Blätter" des Buchhändlers
Brockhaus, das erste politische Organ der befreiten Nation, das
kurz vor der Schlacht bei Leipzig entstand, als ihr Ziel an.[3]

---

[1] Geschichte des 19. Jahrhunderts 2, 361.
[2] Deutsche Geschichte im 19. Jahrh. 1, 674. (3. Aufl.)
[3] Nr. 31 vom 13. November 1813.

Die Nation als solche, wird in den Flugschriften immer wieder variiert,[1] muß ihre Eigenart erkennen und pflegen, sich in Einheit zusammenfassen, durch Gesetzlichkeit und Verfassung jedem ihrer Bürger Gelegenheit zu freier Bethätigung seines Gemeinsinns geben. Jedenfalls aber tritt dieser letztere Gedanke zunächst noch etwas zurück, und die Idee, welche das Jahr 1814 vor allem beherrscht, war die Wiederherstellung der nationalen Eigenart in Sitte und Denken, denn noch hoffte man in Hinsicht der Verfassung auf die Regierungen und meinte, daß die Fürsten die Form, die Völker aber den Inhalt zu geben hätten, und daß von diesen die Schaffung einer geistigen Nationalität auszugehen habe. Daß dann der Wiener Kongreß eine Wendung hierin verursacht und zunächst bei den politisch Interessierten der Nation eine Unzahl verschwommener Hoffnungen und Projekte erregt, dann ihnen durch sein Resultat eine herbe Enttäuschung bringt und so den Umschwung zum Radikalismus vorbereitet, ist ja alles richtig, befriedigt aber noch nicht unser Verlangen nach vollem Verständnis dieser für unser politisches Leben unendlich folgenreichen Entwicklung. Nicht beantwortet wird dadurch die Frage, worin, abgesehen von dem Ergebnis des Wiener Kongresses, das unmöglich alles erklären kann, der innere schwache Punkt der Bewegung von vornherein lag. Ohne diese Frage zu lösen, kommt der folgende kleine Beitrag ihr vielleicht doch etwas näher.

Aus dem Gedanken der Wiederherstellung der nationalen Eigenart entsprang die Idee der „Deutschen Gesellschaften", öffentlicher Vereine, die sich über ganz Deutschland verbreiten und die Pflege deutscher Denkweise und Sitte fördern sollten. Ernst Moritz Arndt hat sie zuerst ausgesprochen in der Schrift „Noch ein Wort über die Franzosen und über uns" 1814 und dem „Entwurf einer teutschen Gesellschaft" (Frankfurt a. M.

---

[1] Vgl. Hagen, Ueber die öffentliche Meinung in Deutschland von den Freiheitskriegen bis zu den Karlsbader Beschlüssen. Histor. Taschenbuch 1846/47.

1814), der eine Erweiterung des letzten Abschnittes der ersteren Schrift ist. Erweckt sei in ihm diese Idee, sagt Arndt,[1] von einem biederen Kursachsen, einem der wackersten und echtesten Männer, die das Vaterland habe, dessen Namen zu nennen ihm die Bescheidenheit verbiete. In seinen späteren Verhören vor dem Hofgerichtsrat Pape[2] 1821 wußte sich Arndt des Namens nicht mehr zu entsinnen. Oder hat er ihn absichtlich gegenüber dem mißtrauischen Inquisitor verschwiegen, um dem noch in amtlicher Wirksamkeit stehenden Freunde und Gesinnungs= genossen nicht auch die Verfolger auf den Hals zu hetzen? Denn mit größter Wahrscheinlichkeit — schon in den Arndtschen Untersuchungsakten begegnet diese Vermutung — kann Christian Gottfried Körner, der Vater Theodor Körners, als jener „biedere Kursachse" bezeichnet werden. Den preußischen Kriegern hatte er schon beim Ausbruch des Befreiungskampfes 1813 zugerufen, daß die Wiederherstellung der nationalen Gemeinschaft in Denk= weise, Sitte und Sprache die herrlichste Frucht dieses Kampfes sein würde,[3] und er kann bereits damals auf äußere Veran= staltungen zur Pflege dieser Zwecke, prächtige Volksfeste, welche in Sprache, Gestalten und Tönen alles Herrliche vergegen= wärtigen sollten, was das Vaterland aus seiner Fülle hervor= gebracht habe. Am 16. Dezember 1813 schreibt Körner, der damals Gouvernementsrat in Dresden bei dem Generalgouverne= ment des Fürsten Repnin war, an Arndt:[4] „Daß Sie auf meine Bundesidee eingehen, freut mich sehr." Er erzählt, daß die älteste Loge in Dresden[5] ihm die erledigte Stelle des

---

[1] Noch ein Wort u. s. w., S. 33 Anm. Entwurf S. 27 Anm.
[2] Untersuchungsakten im Geh. Staatsarchiv in Berlin.
[3] Deutschlands Hoffnungen. Chr. G. Körners gesammelte Schriften, herausgegeben von A. Stern, S. 383 ff.
[4] E. M. Arndt, Notgedrungener Bericht aus seinem Leben 2, 176.
[5] Es ist die Loge zu den drei Schwertern. Die Wahl hatte wohl politische Gründe. Sein Vorgänger als Meister vom Stuhl, der Polizei= direktor von Brand war zurückgetreten aus Unzufriedenheit mit der deutsch= preußischen Gesinnung mehrerer Mitglieder. Der Fürst Repnin schöpfte

Meisters vom Stuhl angetragen habe. Er will sie annehmen: „Für unsern Bund kann die Loge eine Pflanzschule werden."[1] Aber das Nähere über diese Bundesidee, erklärte Arndt später im Verhöre, sei ihm entfallen. Daß dieser Bund politisch-nationale Zwecke haben sollte, kann gar nicht bezweifelt werden; andere Interessen hatten die Freunde damals gar nicht. Was uns von Körners maurerischer Thätigkeit aus jener Zeit bekannt geworden ist,[2] zeigt zwar, daß ihm ein Hineintragen unmittelbarer politischer Agitation in die Logen fern lag. Aber er wünschte allerdings dasselbe von ihrer Wirksamkeit, was Arndt als Ziel der deutschen Gesellschaft aufstellte: Pflege der deutschen Nationaltugenden und eines freilich von jeder Engherzigkeit freien Patriotismus. „Die zerstückelte deutsche Nation finde in der Freimaurerei ein Band der Vereinigung und lerne sich eines gemeinschaftlichen Vaterlandes freuen."

Man wäre sonst vielleicht versucht, auf ein Schreiben des in Zürich lebenden Dr. Ebel[3] an Arndt Gewicht zu legen,[4] welches den Vorschlag zur Bildung einer allgemeinen deutschen vaterländischen Gesellschaft zur Pflege der deutschen Sprache macht. Aber Ebel ist kein Kursachse, sondern aus Züllichau gebürtig. Und vor allem: die Schrift Arndts „Noch ein Wort über die Franzosen und über uns" trägt am Schlusse das

---

Verdacht gegen ihn und ließ auch seine maurerischen Papiere in Beschlag nehmen (vgl. Festschrift zum Jubiläum des 150jährigen Bestehens der Loge zu den drei Schwertern und Asträa zur grünenden Raute im Jahr 1890, Dresden, S. 22). Danach war die Wahl Körners vielleicht ein Versuch der Loge, das Vertrauen des Gouvernements wiederzugewinnen.

[1] Schon in den Jahren zuvor hat Johannes Schulze in Leipzig und Weimar versucht, den Freimaurerorden zur Verbreitung nationaler Gesinnung zu benutzen. Vgl. Varrentrapp, Joh. Schulze S. 63 und 88. Auch der Tugendbund hatte Beziehungen zu den Freimaurern.

[2] Vgl. Jonas, Chr. G. Körner S. 324; Kohut, Th. Körner S. 279 ff.; Festschrift rc. S. 25 ff.

[3] Vgl. über ihn Allg. deutsche Biogr. 5, 518 und Escher, J. G. Ebel, Trogen 1836.

[4] Notgedrungener Bericht 2, 213 ff.

Datum: „Geschrieben am Rhein, den 14. April 1814," das Schreiben Ebels ist vom 22. April 1814.

Arndt sagte auch in den Verhören aus, daß er auf den Entwurf Ebels nicht eingegangen sei, weil er viel zu weit gegriffen habe und weil er selbst sich auch nicht die Kraft der Ausführung zugetraut habe. Denn die Gesellschaft Ebels war auch als eine Art Akademie gedacht, welche die Litteratur beeinflussen, der Schriftsprache aus den Dialekten neues Leben zuführen sollte u. a. Aber die Wurzeln der Ebelschen Idee sind dieselben wie bei Arndt und Körner: die glühende Sehnsucht, nun nach Unterwerfung des äußern Feindes möglichst schnell und durchgreifend den ihnen noch weit gefährlicher dünkenden inneren Feind, die Knechtung durch französische Geistesart und Sprache, anzugreifen. Darin ist die Anschauung dieser Männer wundervoll, daß dies ihr erster Gedanke nach dem Siege ist und daß sie eher das erwägen, was jedes Deutschen Pflicht nun sei, als das, was sie als Recht nun von den Mächten und den Regierungen zu fordern hätten. Aber so innerlich diese Anschauung auch war, so kam doch alles darauf an, durch welche Mittel sie sich durchsetzen wollte. Angewiesen rein auf sich selbst, ohne den Appell an die materiellen Interessen, hatte es eine solche Idee unendlich schwer, den rechten Weg zu finden. Je geistiger sie ist, um so gefährlicher wird ihr ein fehlerhaftes äußeres Gewand, und manche verträgt es überhaupt nicht, organisiert zu werden.

Solche Ueberlegungen lagen Arndt und seinen Freunden fern. Ein naives Vertrauen auf den Erfolg ihrer Projekte beseelte sie, und keine üble Erfahrung schreckte sie ab. Es war ja etwas ganz Neues in Deutschland, was sie planten: Ein über das ganze Land verbreitetes Netz öffentlicher Vereine, bestimmt dazu, womöglich jeden Bürger zu packen und innerlich vollauf zu beschäftigen. Welch ein Sprung aus der Gebundenheit des bisherigen bürgerlichen Lebens, aus den Traditionen der treuen, eng umschränkten, ständisch gegliederten Berufserfüllung bei geringer Gemeinsamkeit der darüber hinausgehenden Interessen. Was wollte es dagegen besagen, daß schon vor der Revolution in Deutschland eine regsame und kecke politische Litteratur bestanden hatte.

Es ist ein ganz moderner Gedanke, das Heraustreten des Individuums aus den alten gegebenen sozialen Kreisen in ein Vereinsleben auf Grund gemeinsamer Interessen. Aber wie merkwürdig mischt sich hier, wie wir gleich sehen werden, bei Arndt wieder, wie so oft bei ihm, das Alte und das Neue. Man kann überhaupt beobachten, wie in dem Arndtschen Plane der „Deutschen Gesellschaften" alle Seiten seines Wesens und seiner Bestrebungen zusammentreffen: der zornige Ingrimm gegen die Franzosen, der Gegensatz gegen die verweichlichte Bildung der Zeit, die „empfindelnde Tugend und die weibelnde und süßelnde Glückseligkeit der Kotzebue und Lafontaine," der Wunsch, durch Heranbildung einer öffentlichen Meinung dahin zu wirken, daß bereinst ein „freies und gesetzliches Vaterland" anstatt der Willkür und Gesetzlosigkeit der Rheinbundsfürsten erschaffen werde.[1] Wenn er dann an den uralten Hang des Deutschen zu fröhlich=ernsten Verbindungen, in die er sein ganzes Wesen hineinzulegen strebt, an die Kalande, Innungen, Trinkstuben der Väter erinnert, so spricht daraus zugleich seine Altertümelei, die aber doch nie andere als menschlich anmutende Dinge aus der Vergangenheit hervorzieht, ja, man muß sagen, sein sicherer nationaler Instinkt, der mit diesen auf Treue gegründeten Lebenskorporationen nur in den Schatz der alten germanischen Mittel zurückgreift, wie sein prachtvolles Lebensgefühl, die überströmende ursprüngliche Freude am Dasein. Deutschland, ruft er aus, ist noch immer wie vor 1800 Jahren, „das heilige Land der Begeisterung und der Freude, wo der lebenkühne Mensch noch täglich die engen Fesseln des gesellschaftlichen Zustandes zerbricht, damit er nichts fühle und kenne,

---

[1] Noch ein Wort S. 44.

als die Wonne des Lebens, das nichts als Leben will.[1] Was sein Wesen selbst schön und einfach bezeichnen würde, „die unmittelbare Kraft des Lebens und die große Gewalt der Seele", wünscht er auch als Wirkung der Deutschen Gesellschaften. Es kann keinem Zweifel unterliegen: das jubelnde Bewußtsein geistiger Freiheit und Kraft hat den Gedanken erzeugt. Auf andern Gebieten als denen der Politik und des Staates war in Deutschland diese geistige Kraft herangewachsen, aber wohl mehr als das Vertrauen auf Preußens militärische Einrichtungen oder die Politik der europäischen Mächte hat sie es in den Tagen der Fremdherrschaft gewirkt, daß in den Kreisen der Gebildeten die Hoffnung auf die Errettung Deutschlands nicht unterging. Jetzt hatte sie nun das naturgemäße Bestreben, sich dauernde Formen des öffentlichen Wirkens zu setzen. Aber man meint in den Grund der verhängnisvollen Entwickelung des öffentlichen Denkens hineinzusehen, wenn man jetzt wahrnimmt, wie dieser freie Geist in dem Augenblick, da er alle Fesseln zerbrochen zu haben glaubt, sich Formen erschafft, die ihn ertöten mußten.

Die Gesellschaften sollten nach Arndts Meinung in allen größeren Städten, wo eine hinreichende Anzahl Gebildeter war, die sie leiten könnten, gegründet werden. Jeder unbescholtene Deutsche vom Bauer bis zum Fürsten soll in ihnen Aufnahme finden. Ueber ihren Zweck sagt Arndt zuerst, daß sie deutsche Art, Kraft und Zucht erhalten und wecken und die Erinnerungen unserer Geschichte pflegen sollten. Es sollen in ihnen die Menschen aus Schreibern Redner und aus Träumern Thäter werden. Es soll durch sie überhaupt dahin kommen, daß man frei über die Angelegenheiten des Vaterlandes sprechen darf, es soll eine öffentliche Meinung begründet werden. Diese soll sich aber nicht, wie man zunächst erwartet, auf den Staat, sondern auf das Privatleben richten.[2] Die Gesellschaft soll

---

[1] Entwurf S. 28.
[2] Entwurf S. 31.

über allem wachen, was löblich, vaterländisch, tüchtig und männlich ist, sie „züchtigt wälsche Zierlichkeit und Ueppigkeit, bezeichnet unteutsche Schanden und Weichlichkeiten". Freilich ist das ganz Arndtsche Denkweise, der eine unmittelbare politische Agitation auf bestimmte Ziele hin ferner lag und die vor allem auf Reinigung des Charakters drang. Aber wie bedenklich war das Mittel, das er dafür vorschlug: Die Ausübung einer Moralpolizei und Ueberwachung des Privatlebens durch Vereine. Wie sollte hierbei die „unmittelbare Kraft des Lebens und die große Gewalt der Seele" bestehen bleiben. Dieses Mittel stammte aus der Rüstkammer des aufgeklärten Despotismus, dem man doch entwachsen war.

Das polizeiliche Element waltet demgemäß auch in der geplanten Organisation der Gesellschaften stark vor. Lebhaft wird man an die Statuten des Tugendbundes, der auch schon eine ähnliche Sittenpolizei ausüben wollte[1] und von dem Arndt schon während seines Aufenthaltes in Berlin im Winter 1809/10 nähere Kunde erhalten haben mag, erinnert. In dem ersten Entwurf spricht Arndt von „Sittenrichtern", die jede Gesellschaft neben den Vorstehern und Schreibern wählen soll.[2] In dem „Entwurf einer teutschen Gesellschaft" führt er aus,[3] daß dem eigentlichen Vorsteher vier „Rüger" zur Seite stehen müßten. Diese fünf haben außer der Wahrung der Disziplin in den Versammlungen auch die Aufgabe, die „ungebührliche oder unsittliche That zu strafen", am unerbittlichsten aber die undeutsche Gesinnung und die „Aefferei und Hurerei mit dem Ausländischen und Französischen".

Jegliche übrige von ihm gedachte Funktion der Gesellschaften ist aber harmlos. In ihren Versammlungen, die ein- oder zweimal im Monat stattfinden, werden vaterländische Reden

---

[1] Vgl. Fournier, Historische Studien und Skizzen S. 309; Lehmann, Der Tugendbund S. 24 und 164 ff.
[2] Noch ein Wort u. s. w. S. 35.
[3] S. 30 f.

und Vorträge gehalten, deren Inhalt vorher von den Rügern gebilligt sein muß. Bloßer Zeitvertreib und Vergnügung ist ausgeschlossen. Am Schlusse aber wünscht er doch fröhliche Gastmähler und Lieder, bei feierlichen Gelegenheiten auch Tanz und Saitenspiel. Als heilige Feste werden gefeiert der Tag der Teutoburger und Leipziger Schlacht. Das Datum der ersteren, meint Arndt zuerst naiv, müsse aus den römischen Geschichtschreibern herausgefunden werden. Dann schlägt er [1] das uralte Johannisfest dafür vor. Zum Andenken an die für das Vaterland Gefallenen sei etwa der Todestag Andreas Hofers zu feiern.

Ohne malerische Aeußerlichkeiten kann es auch Arndt nicht thun. So sollen die Männer am Tage der Hermanns- und Leipziger Schlacht sich mit einem Eichenblatt am Hute, am Hoferstage mit einem Kreuze schmücken.[2]

Jedenfalls war Arndt einsichtig genug, diese Gesellschaften nicht für ein sofort wirkendes Allheilmittel zu halten. Nur eine allmähliche Erziehung des Volkes verspricht er sich von ihnen und auf die nächste Generation hofft er erst.[3] Selbst nun die Stiftung solcher Gesellschaften in die Hand zu nehmen, lag nicht in Arndts Natur. Er selbst sagt später ausdrücklich,[4] er habe von wirklichen deutschen Gesellschaften keine andere Kunde gehabt, als was Gerüchte, Gerede und Zeitungsblätter umhergetragen hätten. Darin täuschte ihn die Erinnerung, denn bei der Beschlagnahme seiner Papiere wurde auch ein Schreiben des Superintendenten Schneegans in Kreuznach an ihn vom 2. Oktober 1815 vorgefunden, welches Mitteilungen über die Kreuznacher Deutsche Gesellschaft enthielt. Dann sagte

---

[1] Entwurf S. 34.
[2] Noch weiter führt er solche Aeußerlichkeiten in der Schrift „Ein Wort über die Feier der Leipziger Schlacht" 1814. (Schriften für und an seine lieben Deutschen 2, 197 ff.)
[3] Noch ein Wort, S. 32. Aussage Arndts in den Verhören.
[4] Notgedrungener Bericht 1, 348.

auch der Wetzlarer Gymnasialdirektor Ludwig Snell aus,[1] daß der Stiftung der Idsteiner Deutschen Gesellschaft 1814 eine Besprechung seines Bruders Wilhelm mit Arndt in Frankfurt vorangegangen sei.[2] Es ist im höchsten Grade lehrreich, den Wirkungen der Arndtschen Vorschläge nachzugehen. Zunächst riefen sie eine kleine Litteratur hervor. Teils sind sie von unklaren Enthusiasten phantastisch ausgesponnen, teils von den rheinbündisch-partikularistischen Feinden der nationalen Bewegung befehdet und böswillig verdächtigt worden. Eine geistlose Weiterbildung der in Arndts Programm schon enthaltenen polizeilichen und symbolischen Elemente mit vielen Anklängen an Freimaurerisches ist die Schrift „Von Bildung deutscher Gesellschaften als dem vorzüglichsten Mittel, Liebe zum Vaterlande und alle aus dieser Liebe entspringenden Tugenden, in allen deutschen Männern und Frauen, Jünglingen und Jungfrauen, Knaben und Mägdelein zu fördern, zu stärken und in kindlicher Reinheit auf die spätesten Zeiten zu vererben. Zum Besten der Waisen deutscher Landwehrmänner. Deutschland 1814."[3] Neben den Männergesellschaften wünscht er auch Begründung von Frauenvereinen, die für Befestigung häuslichen Glückes, Armenpflege, christliche

[1] Verhör vom 27. Juli 1820.
[2] Arndt konnte sich im Verhör nur der Thatsache einer Unterredung mit Wilhelm Snell erinnern, bezweifelte aber, daß sie sich auf die Deutschen Gesellschaften bezogen habe. Vgl. Notgedr. Bericht a. a. O. In der Schrift „Das Wort von 1814 und das Wort von 1815 über die Franzosen" 1815, erwähnt er S. 32 A. nur ganz allgemein die Stiftung deutscher Gesellschaften und das Einschreiten einzelner Regierungen gegen sie.
[3] Als den Verfasser vermutete Ludwig Snell in den Verhören den Heidelberger Professor Kästner. Es wird der Physiker Kastner gemeint sein, der 1805—1812 in Heidelberg, später in Halle, Bonn und Erlangen Professor war, als preußischer Landwehroffizier den Krieg mitmachte, auch sonst eine patriotische Thätigkeit durch Sammlungen für die Hinterbliebenen gefallener Krieger entfaltete und zu christlich-naturphilosophischen Anschauungen neigte. Vgl. Poggendorf, Biograph. Wörterbuch 1, 1231, Augsburger Allg. Zeitung 1857 Nr. 199.

Zucht und Frömmigkeit wirken sollen. Die Sittenrichter, welche in den Männerversammlungen über gute Zucht und Ehrbarkeit wachen sollen, erspart er freilich den Frauenvereinen. Dafür sollen aber in den Männergesellschaften die „Bannerherren" auf jegliches Mitglied und jede dazu gehörige Familie achten, daß kein Lungerleben Platz greife. Vor jeder Versammlung soll jedes Mitglied laut bezeugen: „Ich und die Meinen, redlich haben wir die verflossene Woche hindurch unserm Geschäfte und unserm Berufe gemäß gearbeitet." Viel äußerer Tand liegt daneben dem Verfasser am Herzen. Die Vorsteher sollen an Festtagen weiße bestickte oder bemalte Halsbänder tragen, die übrigen altdeutsche Tracht aus inländischen Zeugen, in den Versammlungen grau oder braun, an Festtagen schwarz. Wer das außer diesen Gelegenheiten thut, „wird als Förderer deutscher Volkstümlichkeit besonders geachtet". Bis in das kleinste wird der Putz des Versammlungslokals ausgemalt. Zur Thätigkeit der Versammlungen sollen auch körperliche Spiele, sogar obligatorische Waffenübungen gehören.

Maßlos im kleinen, wie im großen ist der Entwurf; denn fast das gesamte wirtschaftliche und geistige Leben der Nation will er umfassen. Die Kunstübung der Maler wie die Gewerbethätigkeit soll dadurch gefördert werden, Kanäle, Dampfmaschinen, deutsche Kolonien im Auslande, Versicherungsanstalten, Errichtung einer deutschen Gesamtschule am Mittelrhein,[1] schließlich gar eine einige apostolische deutsche Kirche sollen zu den „Arbeiten" der deutschen Gesellschaften gehören. Solche Gedanken der Kirchenvereinigung lagen ja den Zeitge-

---

[1] Der Verf. will (S. 16 A.) im Frühjahr 1814, damals am Züricher See weilend, darüber an Arndt geschrieben haben. Dieser konnte sich in den Verhören dessen nicht mehr entsinnen. In der noch 1813 erschienenen Schrift Arndts „Der Rhein, Teutschlands Strom, aber nicht Teutschlands Gränze" findet sich schon S. 86 ff. (Schriften für und an seine lieben Deutschen 2, 59 ff.) der Plan einer allgemeinen Erziehungsanstalt für den deutschen Adel am Rhein. Vermutlich hat der Verf. diesen Gedanken von Arndt entlehnt.

nossen, die in dem Schwunge der Begeisterung die alten tiefen Gegensätze vergaßen, nicht fern. Für Görres waren sie der Durchgangspunkt zu seiner mystisch-katholischen Periode. Auch Arndt glaubte schon in der religiösen Entwickelung "süß atmende Winde eines nicht mehr fernen Lenzes" zu spüren.[1] Aber wie weit von der tiefen Empfindung Arndts stehen des Verfassers kirchliche Ideale ab. Zeremonien und theatralische Effekte bilden ihm Kern und Halt der künftigen gemeinsamen Kirche.

Solchen Auswüchsen gegenüber wird Perthes' Bemerkung,[2] daß diese Bestrebungen weniger aus einem religiösen, als aus einem nationalpoetischen Bedürfnis hervorgegangen seien, gerecht erscheinen. Dennoch läßt sich in ihnen nicht die kirchliche Signatur der Zeit, Zurücktreten des Dogmatischen, aber innige Wärme des religiösen Gefühls verkennen. Und ein bestimmter Zusammenhang mit dem politischen Denken jener Jahre ist wahrzunehmen. Hier wie dort sind zunächst nicht feste Sätze und Theorien das Feldgeschrei, sondern eine vielfach unabgeklärte, aber innige Grundstimmung treibt.

Wenig original, aber durch die Persönlichkeit des Verfassers bemerkenswert ist die Anfang 1815 verbreitete Schrift: "Verfassungsurkunde und Gesetze der deutschen Gesellschaft zu *"[3] des Justizrats Karl Hoffmann in Röbelheim bei Frankfurt a. M. Er war ein wenig klarer, unruhiger und eifrig patriotischer Mann, der schon 1796 dem Erzherzog Karl Volksbewaffnungspläne vorgelegt haben will[4] und 1814 im Dienst

---

[1] Zum neuen Jahre 1816, S. 156 und 165 ff.
[2] Polit. Zustände und Personen in Deutschland zur Zeit der französ. Herrschaft 1, 343.
[3] Der Originaldruck, der nicht im Buchhandel erschienen ist, lag uns nicht vor, sondern ein Abdruck im "Allgemeinen Anzeiger der Deutschen" 1815, Nr. 64, 6. März, S. 657 ff. Vgl. Ilse, Geschichte der politischen Untersuchungen S. 75 ff.
[4] Denkschrift Hoffmanns aus dem Jahr 1820 über seine politische Thätigkeit.

der Allgemeinen deutschen Bewaffnungskommission bei der Organisation des Landsturms im Generalgouvernement Frankfurt als Oberst des Landsturms und Generaladjutant des Bannerherrn, des Grafen Ingelheim, half. Nicht gering war der Zorn der benachbarten Regierungen gegen ihn, als er in einer Festrede vom 19. Oktober 1814[1] es „eine verabscheuenswürdige, mit allen Qualen der Hölle nicht abzubüßende That" nannte, wenn deutsche Fürsten abermals sich verleiten ließen, in Gemeinschaft mit dem Erbfeinde Deutsche gegen Deutsche zu kämpfen, und die Völker für diesen Fall von ihren Pflichten gegen die Fürsten lebig sprach.

Seine „Verfassungsurkunde" entnimmt das meiste wörtlich aus der Schrift „Von Bildung deutscher Gesellschaften", einiges wenige aus Arndt. Er macht unter anderem den geschmacklosen Zusatz, die der Gesellschaft angezeigten undeutschen Handlungen der Mitbürger in Tagebüchern zu verzeichnen und von Zeit zu Zeit zu veröffentlichen.[2]

An derartige Verunstaltungen der ursprünglichen Idee heftete sich nun mit Schadenfreude die Kritik der Gegner. Das sechste Heft der „Allemannia" brachte einen auch separat erschienenen[3] Aufsatz „Ueber die teutschen Gesellschaften". Vereine, welche über alle öffentlichen und Privatgebrechen Protokolle führen, Ehre und Schande austeilen, bewaffnet einherschreiten, durch alle Staaten einander die Hand reichen, welch furchtbareren Staat im Staate als diese bureaux de médisance hätte es je gegeben! Unwiderleglich that diese Kritik dar, wie dadurch an die Regalien des Staats getastet werde, die dieser nun und nimmer sich aus der Hand nehmen lassen dürfe. Gegen den

---

[1] Einige Worte an die teutschen Landwehrmänner der Gemeinde Röbelheim, gesprochen am 19. Oktober 1814 von Dr. Karl Hoffmann rc. 1814.
[2] Stein, dem Hoffmann seine Schrift zusandte, würdigte sie keiner Antwort. Verhör Hoffmanns 8. Aug. 1820.
[3] o. O. 1815.

Grundgedanken Arndts, der diesem und seinen Gesinnungsgenossen das unzerstörbare Bewußtsein der guten Sache gab, konnte der Kritiker nur die trotzige Theorie vorführen, daß jeder Deutsche erst Preuße, Bayer, Sachse sei, ehe er Deutscher werde. So werde es bleiben, bis es der Vorsehung gefalle, die harmlosen kleinen deutschen Provinzialstaaten zu einem furchtbaren deutschen Weltstaate zusammenzuschmelzen. Die Vorstellung eines solchen erschien aber dem Verfasser noch als etwas Medusenhaftes. Welcher Einzelne, welche Privatvereine dürften einen solchen Zustand provozieren? Und wer will es Regierungen verargen, Vereine zu untersagen, die, angeblich um den deutschen Sinn zu erhöhen, den bayerischen, hessischen, badischen Sinn abtöten wollen?

Der Verfasser dieses Aufsatzes war der nassauische Geheime Staatsreferendar und Hofgerichtsvizedirektor in Wiesbaden, Harscher von Almendingen.[1] Er schrieb im Auftrage seiner Regierung, die auch den Sonderdruck veranlaßte. Sie that es in lebhafter Besorgnis vor einer Bewegung im Lande, welche den Arndtschen Gedanken zu verwirklichen versuchte. Der Ausgangspunkt dieser Bewegung war das kleine, im stillen Taunusthal gelegene Städtchen Idstein, ihre Führer die Brüder Ludwig und Wilhelm Snell, zwei hochbegabte, reich gebildete junge Männer, erfüllt von feurigen Ideen und dem Drange, sie in das Leben zu führen, keine bloßen kontemplativen Denker, aber mit der ursprünglichen Wärme eines solchen rücksichtslose Energie und einen Stolz, der vor keiner Autorität zurückscheute, verbindend. Ludwig[2] mehr verstandesmäßig und doktrinär, Wilhelm[3] mit blühenderer Phantasie und Empfindung begabt,

---

[1] Almendingen an den österreich. Diplomaten v. Hügel, Wiesbaden, 14. April 1815, Wiesb. Arch.

[2] Geb. 1785, 1808 Konrektor, 1814 Prorektor an dem von seinem Vater geleiteten Idsteiner Gymnasium, starb 1854. Vgl. Dr. Ludwig Snells Leben und Wirken. Zürich 1858.

[3] Geb. 1789, 1815 Hofgerichtsadvokat in Wiesbaden, 1816 Kriminalrichter in Dillenburg, starb 1851. Vgl. Wilhelm Snells Leben und Wirken.

beibe geistig und körperlich frisch und kraftvoll. Wilhelm Snell hatte sich, wie später Karl Follenius, als Student auch bei den Raufbolden durch seine Klinge Respekt vor seinem Wesen verschafft. Seine jüngeren Genossen verehrten ihn schon in der Jugend als ihren geistigen Führer und ließen sich von ihm, durch die Lektüre Schillers erregt, zum Zorn gegen Napoleon, den Schänder deutschen Gemütes, entflammen. Keiner aber soll ihn tiefer wie er empfunden haben.[1]

Ludwig übte nicht diese hinreißende Wirkung. Als Knabe entwickelte er sich langsamer, lernte schwerfällig und vernachlässigte sein Äußeres. Aber als Mann wurde er fest und scharf und imponierte durch seine geistige Sicherheit, und das reizte ihn namentlich, sich Schüler als Freunde heranzuziehen und sie mit seinen Anschauungen zu erfüllen.

Beide sind durch die Verfolgungen der Demagogenzeit später nach der Schweiz getrieben, wirkten dort als akademische Lehrer in Basel und Zürich, vor allem aber nach der Julirevolution als Parteiführer der radikalen Demokratie. Wilhelm Snell war in einem seiner letzten Lebensjahre 1849 noch Präsident eines Festes zur Feier der polnischen Revolution. Begonnen hatte er einst seine öffentliche Thätigkeit als glühender Redner bei den Festfeuern des 18. Oktober 1814 auf dem Geisberge bei Wiesbaden.[2]

Der Zusammenhang, der von den nationalen Jugendbestrebungen der Brüder zu dem Radikalismus der späteren

---

Bern 1851. Ein dritter Bruder, der Pfarrer Friedrich Snell zu Rauheim, erinnert in Gesinnung und Beanlagung an Ludwigs Art. Vgl. über die Familie Snell auch W. Sauer, Nassau unter dem Minister v. Marschall, 1, Wiesb. 1890 (Annalen des Vereins f. nassauische Altertumskunde zc. XXII) S. 104 und 110.

[1] Aussage des Pfarrers Dombois, eines Schwagers der Brüder Snell, 25. April 1820.

[2] Seine Rede bei Hoffmann, „Des Teutschen Volkes feuriger Dank- und Ehrentempel", Offenbach 1815 S. 646 ff. (eine Sammlung von Reden und Berichten von den Feiern der Leipziger Schlacht 1814).

Jahre herübergeführt, erhöht den Wert der Frage nach den Elementen ihrer ursprünglichen geistigen Bildung. Ungemein stark muß auf sie und ihre Genossen die Erziehung des Gymnasiums zu Idstein, dessen Leiter ihr Vater Christian Wilhelm Snell war,[1] gewirkt haben. Er wird geschildert als eine höchst lebendig wirkende Persönlichkeit, welche es verstand, geistig zu beherrschen, ohne zu erdrücken und in eine Schablone zu zwängen; ein eifriger Kantianer, der auf strenge Zucht im Gymnasium hielt, aber seine Schüler mit Begeisterung für klassische und philosophische Studien zu erfüllen wußte, ohne daß sie darum die Freiheit und Lust zum jugendlichen Umhertummeln in der Natur verloren. Charakteristisch ist seine konfessionelle Anschauung. Er meinte, wie manche seiner Zeitgenossen, aber sehr abweichend von den Anschauungen der vorhergegangenen Generationen, es sei möglich und notwendig, katholischen und protestantischen Jünglingen eine gemeinschaftliche Bildung zu geben, sie mit gleicher Liebe zu den Wissenschaften zu erfüllen und ohne die aufrichtige Ergebenheit an das kirchliche Bekenntnis zu mindern, den Unterschied des religiösen Glaubens vergessen zu machen.[2]

Solche stillen Sammelstätten geistiger Kultur sind in Deutschland oft der fruchtbare Mutterboden der mannigfachsten Richtungen gewesen. Man sieht, welche unmittelbaren frischen Anschauungen aus solcher Erziehung hervorgingen, aus einer Schrift Wilhelm Snells, „Einige Worte über das Gymnasium zu Idstein, seine Geschichte und seinen jetzigen Zustand",[3] mit der er 1814 eine der Anstalt drohende Ortsverlegung abwenden wollte. Solche Organismen, meinte er, könne man nicht künst-

---

[1] Vgl. außer den Biographien L. und W. Snells „Zur Erinnerung an Dr. Chr. W. Snell", Wiesbaden 1840.

[2] Schulprogramm 1804 bei Friedemann, Beiträge zur Kenntnis des Herzogtums Nassau II, Heft 1, S. 81 ff.; vgl. Menzel, Geschichte von Nassau 3, 632.

[3] Im Wiesbadener Archiv. Daß W. Snell der Verfasser ist, bezeugte der Pfarrer Herrmann im Verhör vom 20. April 1820.

lich schaffen, denn „Menschenkraft vermag es nicht, in ihren Werken gleichzukommen der stillen entwickelnden Kraft der Geschichte und Vorsehung". Den Inhalt der eigentümlichen Sphäre des Ibsteiner Gymnasiums findet er darin, daß es das Ziel jeder Erziehung gewährt habe: Den Menschen wenigstens einmal im Leben das hohe himmlische Glück der Unschuldigkeit, der friedevollen Kindlichkeit empfinden zu lassen. Wie bezeichnend ist es, daß er das Wesen dieser Kindlichkeit nicht nur wie Rousseau in dem Naturzustande sah, sondern daß er auch den Trieb nach dem Guten und Schönen, den begeisterten Mut für Recht und Wahrheit mit einschließt.

Es ist schwer, den inneren Zusammenhang solcher Ideen mit den Versuchen eines politischen Lebens, die wir jetzt darstellen wollen, ganz klar und erschöpfend nachzuweisen. Stellt man sich aber die Persönlichkeiten lebendig vor, erfüllt von diesem frischen Ideal der eben verlebten Jugend, so versteht man, welch unlöschbarer Drang sie beseelte, die Welt zu gestalten nach ihren Ideen, und daß dieses Feuer bei ihnen vorhielt bis an das Lebensende. Man könnte nur die Frage aufwerfen, ob nicht bloß der Zufall des Jahres 1814 diese zu aller geistigen Bethätigung bereite Kraft gerade in das politische Fahrwasser gelenkt habe. Erinnert man sich aber, wie die Brüder von Hause aus schon angeleitet waren, das Dogmatische geringer zu achten als die Entwicklung des individuellen Denkens und Empfindens, und diesem letzteren mit Bewußtsein sich hinzugeben, so erscheint es als eine innere Notwendigkeit, daß sie im Jahre 1814 die Idee der Zeit ergriffen, welche ihrem schaffenslustigen Individualismus ein unbegrenztes und verheißungsvolles Feld der Thätigkeit eröffnete.

Wir erkennen diesen Gedankengang in den Worten Wilhelm Snells aus seiner Rede vom 18. Oktober 1814.[1] „Der Kreis, den der Staat uns zum Wirken anweist, ist für einen that-

---

[1] Hoffmann a. a. O. S. 649.

vollen Mann oft zu öde und immer zu eng. Der Kreis der Familie und Freunde ist nicht minder unbefriedigend, und es bleibt dem Herzen noch eine heiße Sehnsucht übrig, auch auf ein Ganzes mit ganzer Seele zu wirken, und mit den Guten und Edeln seiner Nation vereint, nach dem zu ringen, was sich im Herzen mit unendlicher Sehnsucht regt."

Kühler und konkreter als sein feuriger und phantasievoller Bruder schildert Ludwig Snell diese Entwicklung ihres politischen Denkens.[1] Danach hat — und so erzählt übereinstimmend auch der Pfarrer Dombois — das Jahr 1812 vor allem auf sie gewirkt und nicht nur den vaterländischen Enthusiasmus, sondern auch den Haß gegen das bureaukratische Regime der Rheinbundstaaten erregt. So waren schon in der Wurzel der Bewegung zwei verschiedene Elemente, der nationale und der konstitutionelle Gedanke, vereinigt. Eine ihrer ersten Ideen sei gewesen, daß der Auferstehung des Vaterlandes auch innerlich eine Regeneration des Nationalgeistes folgen müsse, daß die äußere Unabhängigkeit nur in der Kraft eines verjüngten National=sinnes eine bleibende Bürgschaft finden könne. Unzählige Deutsche hätten diese Idee damals mit Begeisterung ergriffen, und all=gemeine Verehrung habe damals Arndt als ihr Vertreter ge=nossen. Ihn selbst habe damals gegen den Rheinbund vor allem das Prinzip der unbegrenzten Souveränität und Ver=tilgung jeden volkstümlichen Instituts eingenommen. Als der Aufruf von Kalisch zum Abfall von Napoleon bei den deutschen Fürsten wirkungslos verhallte, faßte er den Gedanken, daß kein anderes Heil sei, als die Auflösung der einzelnen Staaten und ihre Vereinigung unter einer höheren politischen Macht. Er=griffen wie so viele andere von dem Heldengeiste der preußischen Nation und den liberalen Ideen des preußischen Staates habe er da ein Protektorat Preußens, wenn nicht über ganz Deutsch=

---

[1] Verhör vom 27. Juli 1820 und sonstige Aeußerungen von ihm, bei denen freilich nicht zu vergessen, daß sie im Verhör gethan sind.

land, so doch über den größten Teil gewünscht, in republi=
kanischen Formen und Institutionen. Diese Hoffnungen zer=
trümmerten die Konventionen mit den einzelnen Rheinbunds=
staaten. Mit desto größerem Interesse habe er nun den Ge=
danken liberaler Einrichtungen in den einzelnen Staaten fest=
gehalten und die Sache der „Deutschen Gesellschaften" er=
griffen, weil sie auf Begründung einer geistigen Nationalität
hinzuwirken schienen, nachdem die äußere Einheit nicht zu stande
gekommen sei.

Wilhelm Snell that den ersten Schritt zur Begründung
deutscher Gesellschaften. Auf seine Anregung[1] fand im Sommer
1814 in Usingen eine Zusammenkunft von etwa 7—9 Personen
statt zur Besprechung über die Gründung deutscher Gesell=
schaften. Unter den Teilnehmern befanden sich außer den
Brüdern Wilhelm und Ludwig Snell noch zwei Männer, deren
Namen mit der Geschichte der liberalen Bewegung in Deutsch=
land eng verbunden sind: Karl Theodor Welcker, damals Pro=
fessor in Gießen, und der Konrektor Weidig aus Butzbach, be=
kannt durch sein gräßliches Ende im Gefängnis im Jahre 1837.
Zu festen Ergebnissen kam es hier noch nicht. Welcker will
nur „inter pocula" auf einem abgerissenen Blatte die Haupt=
punkte der gemeinsamen Wünsche niedergeschrieben haben:[2]
Förderung deutscher Nationalität und Gesinnung durch streng
gesetzliche Mittel, Einwirkung auf die öffentliche Meinung, Heraus=
gabe einer Zeitschrift und Verbreitung der Arndtschen Gesell=
schaften.

Zwar schlossen sich, nach Welckers Aussage, bald nach der

---

[1] So sagt K. Th. Welcker aus. Vgl. seine „Oeffentliche aktenmäßige Ver=
teidigung gegen die öffentliche Verdächtigung der Teilnahme oder Mitwissen=
schaft an demagogischen Umtrieben" (Stuttgart 1823), I, S. 243 ff. und
278. Unbestimmter sind die Erinnerungen Ludwig Snells über die Zu=
sammenkunft (Verhöre vom 25. Juli und 28. Nov. 1820). Er meint, sie
sei von Weidig angeregt worden, ist aber nachweisbar nicht sehr gut orien=
tiert. Die Zusammenkunft fand nicht lange vor dem 30. Juli statt.

[2] a. a. O. S. 248.

Usinger Zusammenkunft noch einige andere Freunde und Bekannte dem Plane an, aber zu einer festen Organisation ist es jedenfalls nicht gekommen, und ein „Usinger Verein" oder eine „Wetterauische Deutsche Gesellschaft"[1] als solche hat nie bestanden, geschweige denn, wie der Hauptbericht der Mainzer Zentraluntersuchungskommission von 1827 § 76 behauptet, als leitendes Organ die Gründung Deutscher Gesellschaften in die Hand genommen. Thatsächlich allerdings sind einzelne der Teilnehmer der Usinger Zusammenkunft durch sie entschieden bestärkt worden in ihren Absichten.

Vor allem suchte Wilhelm Snell die Freunde weiter zu treiben und weitere Verbindungen anzuknüpfen. So hatte er in Königstein eine Zusammenkunft mit dem Justizrat Hoffmann. Ihm genügte nicht die kühle und vorsichtige Umgrenzung des Wirkungskreises, wie sie Welcker in Usingen gegeben hatte. Unsere Absicht, schrieb er an Welcker,[2] muß vornehmlich sein, alle Edlen des Mittelstandes zum Streben für das Volk zu vereinigen und mit seinen Armen das ganze Volk unsichtbar zu umfassen. Unser Bund sollte drei Klassen haben:

1. Die enger Befreundeten, unter denen Geheimnis herrsche, zu denen nur die geprüftesten gehören dürfen und die „alles für die reinere Menschheit aufopfern können".
2. Rechtschaffene Männer aus allen Ständen ohne Unterschied, die nach Arndts Vorschlag öffentliche Gesellschaften bilden.
3. Das ganze Volk, auf welches durch die Gesellschaften gewirkt wird. Durch solche Mittel solle unter Achtung der Staatsgesetze auf die Bildung der Deutschheit hingearbeitet werden. Aber der Gedanke eines geheimen Bundes der Bewährtesten zeigt schon, daß seine Pläne viel weiter griffen. Das zeigt das Folgende deutlich: Zwei Gefahren gäbe es, „wodurch die Verfassung und das damit bestehende Volksglück

---

[1] Ausdruck F. G. Welckers im Verhör.
[2] Schreiben an Welcker, Wiesbaden 30. Juli 1814. S. Beilage 1.

von außen untergeht": 1. Der Weg der gewaltsamen Umstürzung, sowohl durch die Regenten wie durch das Volk selbst, 2. Gewaltthat fremder Völker. Für beide Fälle bedarf es einer vorbereitenden Organisation.

Das Schreiben ist ein Dokument nicht ohne allgemeinen geschichtlichen Wert. Es spricht einen wesentlichen Teil der Ideen Karl Follenius' und der Gießener Unbedingten schon im Jahre 1814 aus: Den geheimen Bund, die fast an Märtyrerwollust streifende Aufopferung für die reinere Menschheit,[1] selbst der Fall eines gewaltsamen Konfliktes mit den Regierungen, um die „Verfassung" zu retten, wird erwogen, aber alles noch unbestimmt und in die Weite schweifend. Denn wo gab es damals eine zu rettende Verfassung? Die Verfassungsurkunde des Herzogtums Nassau wurde erst am 1. und 2. September 1814 unterzeichnet.

Es sei der Schlußerörterung vorbehalten, diese Gedanken verständlicher zu machen, und nur das zunächst liegende Motiv angegeben, die Abneigung und das Mißtrauen gegen die Rheinbundsregierungen, das auch seinen Bruder Ludwig mit trieb. Darum schreibt er auch an Welcker, wenn wieder ein Krieg mit Frankreich ausbräche, dann sollten die Freiwilligen sich nicht als Nassauer und Darmstädter, sondern als Deutsche unter einem freiwillig erwählten Führer sammeln. „Dann wird man Freiwillige nicht mehr wie Buben behandeln."[2]

Seine weitgreifenden Ideen fanden 1814 freilich noch keinen Boden. Welcker, der schon im Begriff war, nach Kiel überzusiedeln, mißbilligte sie.[3] So mußte sich Wilhelm Snell mit der Agitation für die „Deutschen Gesellschaften" begnügen.

[1] Vgl. auch die Rede W. Snells in Wiesbaden 18. Okt. 1814: „Der höchste Triumph des Daseins für die Edeln sind die härtesten Opfer für eine gute Sache, zumal für die heilige Sache des Rechts und der Freiheit." Hoffmann a. a. O. S. 651.
[2] Vgl. Treitschke 2, 437. Auch der Rheinische Merkur enthält viele Klagen über die Behandlung der Freiwilligen in den ehemaligen Rheinbundsstaaten.
[3] Welcker a. a. O. S. 247 und 271.

„In Ibstein besteht jetzt", konnte er schon Welcker in demselben Brief melden, „eine große deutsche Gesellschaft, die sich sehr erweitern wird, hier (in Wiesbaden) bin ich im Begriff, eine zu veranstalten, in Camberg ist sie im Werben, man muß die Kränzchen, Klubs und dergl. dazu benutzen. Im Amte Wallau werden wir solche jedesmal im Freien zu stande bringen."
Er erwähnt Verbindungen mit edlen Männern im Vogelsberg, Fulda, Hessen und im Bergischen, seine neulich stattgefundene Zusammenkunft mit dem Justizrat Hoffmann in Königstein, seine am 28. Juli stattgehabte Besprechung mit Geistlichen jenseits des Rheins. In diesem Rahmen ist dann die Geschichte der deutschen Gesellschaften verlaufen.

Die Ibsteiner Gesellschaft verdient die meiste Aufmerksamkeit. Auch Ludwig Snell verlegt ihre Gründung in die erste Hälfte des Jahres 1814.[1] Wilhelm Snell kam von Wiesbaden nach Ibstein herüber und brachte die Schrift Arndts über die deutschen Gesellschaften mit, die er, wie Ludwig Snell erzählt,[2] von seinem Besuche bei Arndt in Frankfurt mitgebracht hatte. Sie wurde in dem in Ibstein bestehenden Wochenkränzchen vorgelesen, und die Anwesenden, von Wilhelm und Ludwig Snell bearbeitet, beschlossen die Gründung einer deutschen Gesellschaft. Ihre Statuten tragen erst das Datum des 24. August 1814. Sie war als eine ganz offene gedacht. Alle, welche ihre patriotischen Zwecke teilten, sollten schon dadurch die Mitgliedschaft erwerben, daß sie die Gesellschaft besuchten. Jährlich sollten zwei Haupt- und zehn Untersitzungen stattfinden. In jeder Sitzung trägt jeder vor, was er bisher für den Zweck in seinem Kreise gewirkt hat und macht Vor-

---

[1] Verhör vom 2. März 1820.
[2] Daselbst. Nach den Aussagen des Pfarrers Dombois, 25. April 1820, eines Teilnehmers der Gesellschaft, damals Kollaborator am Gymnasium zu Ibstein, soll Wilhelm Snell bei dieser Zusammenkunft auch Arndt die Bildung eines engeren Bundes vorgeschlagen haben, von diesem aber auf die Bildung deutscher Gesellschaften verwiesen sein. S. dagegen oben S. 15 A. 2.

schläge. Besonders sollten[1] einzelne Züge deutscher Tugenden und vaterländischen Geistes gesammelt und mitgeteilt werden. Daneben fehlen auch nicht die von Arndt vorgeschlagenen Mittel: Feier vaterländischer Gedenktage, besonders des 18. Oktobers, Vertiefung in die deutsche Geschichte, Verbreitung patriotischer Lieder. Die polizeilichen Vorschläge Arndts hat man, wie hieraus hervorgeht, fallen lassen.

Unter den 35 Unterschriften der ersten Eingabe der Gesellschaft an das nassauische Staatsministerium[2] sind vorwiegend Pfarrer, Lehrer und Juristen vertreten, nur einige wenige Handwerker und Gewerbetreibende; auch drei Studenten. Vier Brüder Snell allein und die Brüder Ernst und Karl Löning, letzterer bekannt genug durch sein späteres Attentat auf den nassauischen Regierungspräsidenten Ibell.

In ihren Eingaben an die Regierung, in denen die deutsche Gesellschaft um ein öffentlich ausgesprochenes Wort der Billigung bat, wurden begreiflicherweise die Gedanken betont, welche auf offizielle Duldung und Anerkennung allenfalls rechnen konnten: Bekämpfung französischer Sitte, Sprache und Gesinnung. Das äußere bürgerliche Leben einzurichten, ständische Verfassungen zu geben und ein echtes Deutsches Reich anzuordnen, sei Sache der Fürsten, auf welche Deutschland mit getroster Hoffnung sehe. Des unten stehenden Volkes Pflicht sei es, den fast verwischten Volkscharakter wieder zu beleben und das fast zerrissene Band der Bruderliebe wieder zu knüpfen durch das eine Gefühl der Teutschheit.

Auch was man über die Thätigkeit der Gesellschaft im einzelnen erfährt, geht nicht über diesen Rahmen hinaus. Vorträge wurden in den Sitzungen gehalten über die Schlacht bei Lützen, Palms Tod, Karl den Großen. Wilhelm Snell sprach, — sehr bezeichnend für ihn — über die Humanität, die über der Begründung des Patriotismus nicht vergessen

---

[1] Zusätze vom 7. Sept. 1814.
[2] Eingesandt 5. Sept. Or. im Wiesb. Arch.

werden dürfe. Aber mochte die Gesellschaft in ihrer ersten Eingabe auch ausdrücklich betonen, daß ihr Zweck kein politischer, sondern ein moralischer sei, es war doch unausbleiblich, daß das lebhafte politische Empfinden ihrer Leiter auch auf die übrigen Mitglieder, trotzdem auch unter diesen viel Laue waren,[1] einwirkte. Es ist unmöglich, auf Grund der späteren Aussagen festzustellen, wie weit dies geschehen ist, aber die Richtung des Denkens können wir wenigstens aus der Aussage des Pfarrers Dombois entnehmen, daß man die deutschen Gesellschaften im Geiste schon als den Boden betrachtet habe, aus welchem sich dereinst ein auf die Verfassung der deutschen Staaten wohlthätig einwirkender Gemeingeist entwickeln könne, und daß man damals in den Zeitungen am liebsten gelesen habe, was von Landständen, Landwehr, öffentlicher Gerichtsbarkeit und Einheit Deutschlands handelte.[2] Eine unmittelbare planmäßige Agitation darauf hin wird schwerlich stattgefunden haben in einer Zeit, wo alle Ansichten im Fließen waren. Einer der den Leitern ferner stehenden Teilnehmer, der Pfarrer Hermann[3] weiß nichts von einer solchen.

Der Idsteiner Gesellschaft stand am nächsten die Wiesbadener. Ludwig Snell bezeichnet sie geradezu als eine Tochtergesellschaft der Idsteiner. Jene wiederholt schon erwähnte schwärmerische Rede Wilhelm Snells bei den Festfeuern des 18. Oktobers 1814 hatte zu ihrer Gründung aufgefordert. Am 8. November 1814 konstituierte sie sich. Sie bestand vorwiegend aus jüngeren nassauischen Beamten. Wir werden nicht fehlgehen, wenn wir den vorsichtigen Wortlaut der Idsteiner Statuten dem mäßigenden Einflusse Ludwig Snells zuschreiben. Hier in Wiesbaden spiegelt sich sogleich Wilhelm Snells individuelles Programm in den Ideen, welche von der

---

[1] Dombois sagte später aus, es sei keine geringe Mühe gewesen, das Interesse der Mehrzahl an der Sache festzuhalten.
[2] Verhör 25. April 1820.
[3] Verhör 20. April und 31. Mai 1820.

Gesellschaft ausgingen. Man sprach von Bildung eines bewaffneten Korps durch die Gesellschaft, und daß ihr eine hervorragende Stellung innerhalb der Wiesbadener Bürgerschaft, ja deren geistige Leitung zufallen müsse. Ueber die Form des Wirkens war man angeblich völlig klar. Die Gegenstände desselben, meinte eines ihrer Mitglieder zu dem Präsidenten Ibell, würden sich im Fortgang der Sache schon von selbst darbieten.[1]

Aber ein jähes Ende war ihr beschieden.

Der Herzog Friedrich August äußerte schon kurz nach der Stiftung sein Mißfallen. Der harmlose Satz der Eingabe an das Staatsministerium, die Gesellschaft wolle „durch ihr Beispiel und ihre Grundsätze für das Wohl des nassauischen und allgemeinen Vaterlandes mitwirken", mußte herhalten, um die Nutzlosigkeit der deutschen Gesellschaften zu beweisen. Eine von Ibell entworfene, allerdings dann nicht zur Ausfertigung gelangte resolutio serenissimi[2] besagte: Ihr Nassauer habt ja jetzt eure schöne Landesverfassung, und die Nationalangelegenheiten ordnet die Weisheit des Wiener Kongresses. „Es ist eine ebenso unvernünftige als gesetzwidrige Idee", — die klassischen Worte verdienen es, auf die Nachwelt zu kommen, — „wenn Privatpersonen glauben mögen, berufen oder ermächtigt zu sein, einzeln oder auch in Verbindung mit andern selbständig oder unmittelbar so jetzt als künftig zu den großen Nationalangelegenheiten Deutschlands mitzuwirken".

Am 14. November bereits löste sich die Wiesbadener Gesellschaft auf den Wink von oben her auf. Daß nicht gleichzeitig auch die Ibsteiner Gesellschaft dies Schicksal traf, erscheint als Ibells Verdienst, der in seinem Berichte an den Herzog vom 15. November auch die Motive der Wiesbadener Gesellschaft entschuldigte. Der Ibsteiner Gesellschaft aber wurde

---

[1] Bericht Ibells 15. Nov. 1814. Wiesb. Arch.
[2] Daselbst.

am 21. November 1814 [1] bebeutet, sich innerhalb der Schranken gesellschaftlicher Unterhaltung zu halten, jegliche politische Tendenz, namentlich auch Schriftwechsel mit andern Gesellschaften oder Personen zu vermeiden, überhaupt sich jeder Ansprüche auf Ehrenvorzüge und jeder Einwirkung auf die Handlungen ihrer Mitbürger zu begeben.[2] Denn das war der strengen Beamtenanschauung Ibells, der ja im übrigen keineswegs ganz verständnislos der neuen Zeit gegenüberstand, das Mißfälligste an den deutschen Gesellschaften, daß sie konkurrieren zu wollen schien mit der Thätigkeit des Staates, der sich soeben durch die unter Steins Beirat [3] zu stande gekommene Verfassung vom 1. und 2. September 1814 angeschickt hatte, die ihm gerechtfertigt erscheinenden Forderungen der Zeit zu erfüllen. Diese allein, wird sein Gedankengang gewesen sein, war schon ein Schritt ins ungewisse. Sollten nun auch die unteren Stützen des bisherigen staatlichen Lebens, die enge Umschränktheit des ständisch gegliederten bürgerlichen Lebens in das Wanken kommen?

Aber dem Herzog war etwas anderes vor allem unheimlich an der Bewegung: Ihre latente Spitze auf die Niederbrückung der kleinstaatlichen Souveränitäten und — die preußische Hegemonie über Deutschland. Das zeigte sich, als Ludwig Snell noch einmal in einer großen Denkschrift an Ibell [4] die Ideen der deutschen Gesellschaften entwickelte. Diese letzte Reklamation, sagte ein Reskript des Staatsministeriums an das Konsistorium vom 19. Dezember 1814,[5] sei „nicht weniger wie das erste Projekt mit unverständlichen und unverstandenen

---

[1] Herzogl. Regierung an das Oberamt Idstein. Wiesb. Arch.
[2] Staatsministerium an die Regierung, 16. Nov. 1814, das.
[3] Vgl. Sauer a. a. O. S. 80 ff.
[4] Idstein 21. Nov. 1814. Sie benutzt einen Aufsatz in Lubens Nemesis „Das Vaterland oder Staat und Volk" (Bd. I, S. 14 ff. und 192 ff.). Snell dankt in ihr Ibell dafür, daß er den Argwohn des Herzogs zu zerstreuen gesucht habe.
[5] Wiesb. Arch.

dunkeln Ideen von Schriftstellern (durchstrichen: namentlich Arndt und Jahn) angefüllt, welche durch ihre Schriften die deutsche Nationalität für das isolierte Interesse einzelner Staaten (zuerst: die deutsche Nation für das preußische Interesse zu gewinnen suchen), in mancherlei Flugschriften bekanntlich zu bearbeiten suchen."[1] Die der Gesellschaft angehörigen Geistlichen und Lehrer wurden dann im Januar 1815 im Auftrage des Konsistoriums angewiesen, auszutreten, denn ihre Teilnahme an Gesellschaften, die in ihren Zwecken mysteriös seien, und an regelmäßigen Gastmählern mit Becherklang und Gesang zieme sich nicht. „Kann es moralisches Beispiel heißen, wenn die Herren das neue Jahr inter pocula anfangen und hinübertaumeln?" Vergebens beriefen sich die dadurch Getroffenen darauf,[2] daß bei ihren Versammlungen, abweichend von dem Arndtschen Entwurfe, überhaupt nicht getrunken und gesungen werde, daß man um sechs, höchstens sieben Uhr nach Hause gehe. Es traf sich für sie unglücklich, daß der nassauischen Regierung Anfang Februar 1815 mitgeteilt wurde, daß der Justizrat Hoffmann im Herzogtum umherreise, zur Bildung deutscher Gesellschaften auffordere und seine Verfassungsurkunde verbreite.[3] Hoffmann war dem Herzoge Friedrich August persona ingratissima. Als er hörte, daß Hoffmann den Grafen Ingelheim in Geisenheim besucht habe, ließ er diesem sagen, er könne sich nicht genug wundern, daß der Graf einen Mann aufgenommen habe, der als ein preußischer Emissär zu betrachten sei.[4] Ein Publikandum vom 7. Februar[5] verbot nun grundsätzlich die Ausführung der Hoffmannschen Vorschläge

---

[1] Die Aenderungen rühren von Ibell her.
[2] Eingabe an das Staatsministerium, etwa Ende Januar 1815.
[3] Hoffmann leugnete entschieden diese Tendenz seiner Reise und setzte eine ihn rechtfertigende Erklärung der Regierung vom 2. März 1815 im Nassauischen Intelligenzblatte durch.
[4] Hoffmann an Gneisenau, 23. März 1815. Abschr. in den Dorowschen Untersuchungsakten.
[5] Nassauisches Verordnungsblatt vom 11. Febr. 1815.

und die Teilnahme an deutschen Gesellschaften überhaupt, und der Idsteiner Gesellschaft wurde erklärt,[1] sie müsse sich, um nicht mit den höchst bedenklichen Hoffmannschen Gesellschaften verwechselt zu werden, bis zu weiterer Entschließung des Herzogs als aufgelöst betrachten.[2]

Die Gesellschaft löste sich auf, aber in ihrer letzten Sitzung versprachen die meisten Mitglieder, an dem Zwecke festzuhalten. Man glaubte, wie Ludwig Snell sich später ausdrückte,[3] in der enthusiastischen Stimmung jener Zeit das Recht zu haben zu einer Fortsetzung der Gesellschaft ohne Form. Aber die Atmosphäre der Kleinstadt vertrug sich übel mit den hochstrebenden Ideen der Genossen. Die Gegenpartei in der Stadt, die sich schon früher über die angeblichen Debauchen der Gesellschaft aufgehalten hatte, verschrie jetzt die Zusammenkünfte der Freunde als etwas Revolutionäres, und ihr Kreis wurde immer enger. Häufiger als sonst kam jetzt ihr Gespräch auf die Frage der ständischen Verfassungen,[4] die Ueberzeugungen begannen sich zu festigen. Die schwärmerische Stimmung der ersten Zeit kühlte sich ab. Wir werden noch merkwürdige Weiterungen sehen, werfen aber zuvor einen Blick auf die übrigen deutschen Gesellschaften.

Nicht unmittelbar von der Idsteiner Gesellschaft gegründet, aber doch durch die Personen ihrer Stifter und Hauptteilnehmer in engerer Beziehung zu ihr standen die Deutschen Gesellschaften in Heidelberg und Gießen. Nur spätere Zeugenaussagen, keine gleichzeitigen Dokumente liegen uns über sie vor. Jedenfalls hat keine von ihnen an Bedeutung und nachhaltiger Wirkung die Idsteiner erreicht.

[1] Oberamt Idstein an L. Snell, 25. Febr. 1815.
[2] Ein Artikel des Rheinischen Merkurs Nr. 244, 28. Mai 1815, mißt das Verbot der deutschen Gesellschaften in Nassau einem welschgesinnten Kriegsknechte bei, der dem Herzoge greuliche Dinge von ihnen berichtet habe.
[3] Verhör 14. März 1820.
[4] Aussage des Pfarrers Dombois 17. und 19. April 1820 und Ernst Lönings 21. Okt. 1819.

Die Deutsche Gesellschaft in Heidelberg scheint nur aus Studenten, zum Teil früheren Schülern Ludwig Snells, die durch die Jbsteiner Gesellschaft angeregt waren, zum Teil auch aus pommerschen Studenten, die mit den Landsmannschaften im Streite lagen, bestanden zu haben und übrigens nicht zu einer förmlichen Konstituierung gekommen zu sein. Ihre Gründung, wenn man von einer solchen sprechen darf, fällt in den Sommer 1815.[1] Ludwig Snell stand durch Ernst Löning mit ihr in Verbindung und arbeitete einen Statutenentwurf für sie aus,[2] ohne daß es feststeht, ob er übersandt und ausgeführt ist. Er hat dabei einige Formalien des Hoffmannschen Entwurfes benutzt, aber doch schon mit schärferer Hervorhebung des Zweckes der politischen Bildung. Ernst Löning, der sich in den Verhören später unumwundener und plumper ausdrückte, als sein dialektisch höchst gewandter Lehrer Ludwig Snell, sagte geradezu, daß das Wirken für landständische Verfassung der Endzweck der Heidelberger Deutschen Gesellschaft gewesen sei.[3] Unter den Mitgliedern begegnet Ludwig von Mühlenfels aus Pommern, ein todesmutig tapferer Kämpfer aus dem Feldzuge von 1813, ein bedeutender, fast wild energischer Charakter, dessen Entwickelung Arndt mit väterlicher Liebe verfolgte[4] und der nun auch, als er in Jbstein 1815 zum Besuche weilte, die dortigen Freunde lebhaft interessierte. Später Substitut des Staatsprokurators in Köln, wurde er auch in die Demagogenverfolgung von 1819 verwickelt.[5] Ein noch bekannter gewordenes Mitglied der Heidelberger Gesellschaft war August Adolf Follenius, der älteste und poetisch vielseitigste der drei Brüder.

---

[1] Aussage von L. von Mühlenfels, Berlin 20 Juni 1820.
[2] L. Snell an E. Löning 28. Dez. 1815.
[3] Verhör 16. Okt. 1819.
[4] Arndt, Notgedrungener Bericht 1, S. 153 ff.
[5] Er entfloh aus der Haft, wurde aber gerichtlich freigesprochen und trat später in den preuß. Justizdienst zurück; er starb 1861 in Greifswald. Vgl. Grenzboten 1861, IV, S. 481 ff. „Ein Lützowscher Reiter" und 1862 III, S. 248 ff. (von Gustav Freytag); Treitschke 2, 542.

Die Aussagen dieser beiden[1] kehren mehr die harmlosen studentischen Interessen ihres Kreises hervor. Und in der That haben Komment- und Mensurstreitigkeiten mit den Landsmannschaften die „Teutonen", wie man die Mitglieder der Gesellschaft nannte, stark in Anspruch genommen.[2] Aus ihnen ging dann 1817 die Heidelberger Burschenschaft hervor.

Auch die Geschichte der Gießener Bestrebungen fällt nur teilweise in den Rahmen der Deutschen Gesellschaften und sei nur kurz hier berührt. Nach der Usinger Zusammenkunft bildeten die in Gießen wohnenden Teilnehmer und die dort nachträglich hinzugetretenen Gesinnungsgenossen einen engeren Zirkel ohne festere Formen. Ungewiß ist, ob und welche Einwirkung von diesem auf die Bildung der „Deutschen Lesegesellschaft" in Gießen ausgegangen ist, eines studentischen Vereines mit nationaler Tendenz, der am 17. November 1814 seine Existenz dem Senate anzeigte.[3] Sie zählte angeblich 70 Teilnehmer. August und Karl Follenius gehörten ihr von Anbeginn her an, und sie ist der Ausgangspunkt der Bewegung der Gießener Unbedingten, die bekannter geworden ist als die von Jbstein ausgehende Bewegung, aber von dieser vielleicht tiefer beeinflußt ist, als das uns vorliegende lückenhafte Material erkennen läßt.

[1] Aussage Follenius', Berlin 20. Juni 1820.
[2] Heyd, Heidelberger Studentenleben, S. 71 ff.
[3] So die aus den Berichten der Mainzer Kommission schöpfende „Gesch. der geheimen Verbindungen der neuesten Zeit" 2, S. 3. Wenn das Datum des 14. Febr. 1814 in der „Geschichte der Gießener Burschenschaft" Burschenschaftl. Blätter 1891 V), S. 105 richtig wäre, so wäre natürlich jeder Zusammenhang dieser Lesegesellschaft mit dem Arndtschen Plane und der Usinger Zusammenkunft ausgeschlossen. Es ist aber zu bezweifeln, da die hessischen Freiwilligen, unter ihnen die Brüder Follenius, aus denen sich die Gesellschaft bildete, erst nach dem Friedensschluß nach Gießen zurückgekehrt sind. Vgl. „Beiträge zur Geschichte der teutschen Samtschulen seit dem Freiheitskriege 1813" (Teutschland 1818) S. 9, und The works of Charles Follen (Boston 1842) 1, 19. Aus letzteren, die eine von der Witwe Follens geschriebene Biographie enthalten, geht auch hervor, daß Karl Follen der Verfasser der erstgenannten Schrift ist (1, 29).

Karl Follen stand später mit den Brüdern Snell in persönlichem Verkehr und Gedankenaustausch. August Follen kam schon 1815, wie wir eben sahen, in Heidelberg in eine Sphäre, welche von Ludwig Snell und Ibstein her Anregungen erhielt. Die „Deutsche Lesegesellschaft" selbst ging sehr bald zu Grunde durch innere Streitigkeiten, welche die Brüder Follenius zum Austritte zwangen. Ein von vornherein mehr auf einen kleinen Kreis von Gesinnungsgenossen ausgehender Versuch wurde 1815 wieder gemacht[1] und führte im folgenden Jahre zu der Aufstellung des bekannten „Ehrenspiegels" durch Karl Follenius.[2] Weidig, Wilhelm Snell und Karl Hoffmann standen in Verbindung mit diesem Kreise und ermunterten ihn. Hoffmann versprach ihm, sie in Verbindung zu bringen mit den burschenschaftlichen Vereinen der andern Universitäten.[3] Aber das alles gehört in eine Darstellung der Wirksamkeit Karl Follens, dieses dämonischen Menschen, in dem die Krankheit der Zeit ihren schärfsten Ausdruck gefunden hat, der aber in den von uns zu schildernden Kreis von Bestrebungen nur eben hineinragt.

Nach der Erinnerung Ludwig Snells[4] ist schon bei der Usinger Zusammenkunft von der Gründung einer deutschen Gesellschaft zu Butzbach in Hessen-Darmstadt die Rede gewesen. Fest steht, wie schon erwähnt, daß ihr Gründer, der damals etwa 24 jährige Konrektor Weidig an der Usinger Versammlung teilgenommen hat. Die Stiftungsurkunde trägt erst das Datum des 17. Novembers 1814. Nach Weidigs Aussage ging sie hervor aus einer Lesegesellschaft. Ueber die damaligen An-

---

[1] Vgl. Welckers Verteidigung S. 280 f.; sein jüngerer Bruder Ernst nahm an ihm teil. Der Verein nannte sich „Deutscher Bildungs- und Freundschaftsverein".
[2] Gedruckt in Karl Follens oben erwähnter Schrift S. 57 ff.
[3] Ernst Welcker an Karl Welcker, 29. Aug. 1815. Welckers Verteidigung S. 282.
[4] Verhör 25. Juli 1820.

schauungen Weidigs und über die Stellung der hessischen Regierung zu der Gesellschaft fehlt uns leider sichere Kunde.[1] Jedenfalls lagen der Gesellschaft auch die Arndtschen Gedanken zu Grunde, aber mehr in das Derbe und Teutonische gespielt. Rückkehr zur eigenen Art und Sitte, Wiedergewinnung der urangestammten Kraft des deutschen Volkes, Hoffnung auf das Wiedererstehen der alten Herrlichkeit. Bemerkenswert ist die starke Beteiligung der Geistlichkeit an dem Unternehmen. Geistliche und Lehrer hielten wiederholt Vorträge aus der deutschen Geschichte, auch über volkswirtschaftliche Themen. Wegen geringer Teilnahme sollen sie schließlich im Winter 1815/16 aufgehört und die Gesellschaft sich seitdem nur mit der Lektüre politischer Litteratur beschäftigt haben. Charakteristisch ist der scharfe Gegensatz, in den Weidig, der 1814 Adjutant eines Landwehrbataillons gewesen war, zu dem Offizierskorps des in Butzbach garnisonierenden hessischen Linienmilitärs geriet. Ein klares Bild der Vorgänge ist nicht zu gewinnen. Man warf Weidig vor, daß er den Offizieren den Eintritt in die Deutsche Gesellschaft verweigert, daß er bei Trinksprüchen auf den Großherzog sein Haupt nicht entblößt habe u. a. Das aber wird bezeugt, daß durch Weidig und seine Gesellschaft eine ganz ungewöhnliche Teilnahme der Einwohnerschaft für politische Angelegenheiten und ein Oppositionsgeist geweckt worden sei. Man kann sich vorstellen, wie es in dem winzigen, etwa 2000 Einwohner zählenden Städtchen damals gebrodelt haben mag, wenn man erfährt, daß auch unter Weidigs Schülern sich zwei Parteien befehdet haben, von denen die eine sich mutig ihrer republikanischen Ideale rühmte, die andere mit staatsmännischer Mäßigung sich für die konstitutionelle Monarchie entschied. Auch

---

[1] Wir schöpfen nur aus einem zusammenfassenden Vortrage der Zentraluntersuchungskommission über die demagogischen Umtriebe in Butzbach. Ein Versuch, die Einsicht in die Großherzoglich Hessischen Akten hierüber, wie über die deutsche Gesellschaft in Gießen und den Hoffmannschen Bund zu erlangen, war erfolglos.

das ist sicher, daß Weibig später mit den von Karl Follenius geleiteten Gießener Schwarzen, deren republikanisches Programm bekannt ist, verkehrt hat.

Schließlich soll sich die Butzbacher Gesellschaft in einen nur dann und wann zusammentretenden Wohlthätigkeitsverein umgewandelt, noch 1817 einmal als solcher im Anschluß an die Großherzogliche Armenkommission fungiert und dann sich aufgelöst haben.

Die erst Anfang 1815 gegründete Deutsche Gesellschaft in Langenschwalbach ist, soweit ersichtlich, die einzige, welcher die damals eben erschienene Hoffmannsche Verfassungsurkunde zum Leitfaden gedient hat; indes auch sogleich mit Ausmerzung der thörichtesten Gedanken, wenn man einer Verteidigung, die ein „Freund der Deutschen Gesellschaft in Langenschwalbach" gegen die Angriffe der Allemannia im „Allgemeinen Anzeiger der Deutschen"[1] erscheinen ließ, glauben darf. Sie kenne keinen Späher, keinen Sittenrichter, keine Protokollierung von Klätschereien. Der Einsender betonte sehr scharf, daß gerade auch die Pflege der Liebe zum engeren Vaterlande ihr am Herzen läge. Man ermahne sich in den Zusammenkünften zu Liebe und Gehorsam gegen Fürst und Gesetz, man bespreche sich über Verbesserungen des Volksunterrichtes, man bestimme kleine Beiträge für vaterländische Zwecke.

In näherer Verbindung mit andern deutschen Gesellschaften stand sie nicht. Doch sind persönliche Beziehungen Ludwig Snells und Karl Hoffmanns zu einzelnen Mitgliedern bezeugt.[2]

Ein volles Bild auf Grund der originalen Vereinsakten erhalten wir wieder von der Kreuznacher Gesellschaft. Kreuznach war während der Franzosenzeit eine der wenigen Stätten in den rheinischen Departements gewesen, wo deutsche Gesinnung

---

[1] 1815 Nr. 156, 16. Juni (S. 1641 ff.).
[2] Der Arzt Fenner von Fenneberg (vgl. über ihn Genth, Geschichte des Kurortes Schwalbach, S. 117 ff.) gehörte ihr auch an und führte Hoffmann in sie ein.

und Sprache mit bewußter Treue gepflegt worden war. Den Pfarrer Weinmann, den Mittelpunkt dieses Kreises, der als Rektor der Sekundärschule in den Jahren zuvor sich mutig über alle Vorschriften der französischen Behörden hinweggesetzt hatte,[1] finden wir auch unter den Begründern der Deutschen Gesellschaft. Die erste Anregung aber mag vielleicht wieder von Wilhelm Snell ausgegangen sein. Am 28. Juli 1814 hatte er eine Zusammenkunft mit mehreren Geistlichen aus der Gegend von Kreuznach[2] und trug ihnen seine Ideen zur Gründung einer Gesellschaft vor. Sie ergriffen sie, wie er schreibt, mit Begeisterung. Die beiden Präsidenten des reformierten und lutherischen Konsistoriums in Kreuznach, Eberts und Schneegans, wollten an die Spitze des Vereines treten. Wilhelm Snell hoffte, sie würden ihm junge, raschere und kühnere Leute zuführen, die man für den engsten Verein erlesen könne, denn jene Geistlichen seien doch nur als vortreffliches Element zu dem allgemeinen Bund aller Edeln zu gebrauchen.

Das hatte er richtig durchgefühlt, und seine erste Hoffnung verwirklichte sich nicht. Der Kreuznacher Gesellschaft blieb jede Spur schwärmerischer philosophisch=politischer Reflexionen in der Weise Wilhelm Snells fern. Sie ward harmlos und schlicht gegründet in der warmen Stimmung der Feier des 18. Oktobers,[3] indem die Mitglieder des lutherischen und reformierten Konsistoriums zusammentraten zur Ausführung des Arndtschen Vorschlages. „Deutscher Sinn und Einigkeit im Geiste" sollte das Ziel sein. Ein klares Programm für die Thätigkeit hatte man charakteristischerweise noch nicht. Das sollte erst weitere Beratung ergeben. Jedem unbescholtenen Deutschen sollte die Gesellschaft offen stehen, nur deutsch in ihr gesprochen werden.

---

[1] Perthes, Polit. Zustände und Personen in Deutschland zur Zeit der französischen Herrschaft 1, 328 f.; Treitschke, Deutsche Gesch. 2, 277.

[2] Schreiben W. Snells an Welcker 30. Juli 1814, f. o. S. 27.

[3] Die Stiftungsurkunde vom 19. Okt. 1814 trägt die Unterschriften von elf Pfarrern aus Kreuznach und Umgebung und fünf andern Namen.

In arglosem Vertrauen und ehrlicher Loyalität wurde gleich bestimmt, daß von allen Verhandlungen der Gesellschaft der Landesregierung Kenntnis gegeben werden sollte. Denn man wolle nur das Teutsche und Gute und habe keine Geheimnisse und Symbole.[1] Aber wie täuschten sich die wohlmeinenden Pfarrer. Die gemeinschaftliche österreichisch-bayerische Landesabministration, unter der Kreuznach damals noch stand, verfügte,[2] daß es für den guten Zweck keiner Privatgesellschaften bedürfe wegen ihres nicht immer ganz harmonischen Eingreifens in die Maßregeln der Regierung. Jeder Privatmann möge in seinem Kreise nur seine Pflichten treu erfüllen, insbesondere der Geistliche. Man irrt wohl nicht, wenn man der österreichisch-bayerischen Verwaltung dieselbe instinktive Abneigung gegen die möglichen Folgen der Bewegung zuschreibt, von welcher, wie wir sahen, die nassauische Regierung geleitet ward.

Nicht lange zuvor hatte Ludwig Snell im Kreise der Gesellschaft geweilt. Er dankte ihr dann[3] für diese schönen Tage die ihn mit „herrlichen deutschen Männern" bekannt gemacht hätten. Man merkt, wie er schon schwankt zwischen dieser Gesinnung und zwischen einer wachsenden politischen Unzufriedenheit und den Pfarrern gegenüber doch den Ton der frischen Hoffnung noch festhält: „Der Druck, die Schiefheit in den Maßregeln, die erkältende Behandlung, ist das die Frucht eines Befreiungskampfes? spricht man überall, doch die Besseren predigen Mut und deutschen Sinn."

Wir hören nichts von einem Echo, das aus den Kreisen der Kreuznacher Freunde dieser schon fast grollenden Stimme geantwortet hätte. Geräuschlos löste sich die Gesellschaft auf. Ein Schreiben des Pfarrers Netz in Kirn vom 23. Januar

---

[1] Anzeige Eberts' an den Kreisdirektor in Simmern, 12. Nov. 1814.
[2] Reskript des Kreisdirektors 11. Jan. 1815, auch abgedr. in der Frankfurter Oberpostamtszeitung 22. Febr. 1815 (Nr. 53).
[3] Koblenz 31. Dez. 1814, an Eberts.

1815, das die Gründung einer dortigen Deutschen Gesellschaft mitteilte und gegenseitigen Verkehr anregte, wurde unbeantwortet gelassen.

Erst im Herbst, nachdem Kreuznach unter preußische Herrschaft gekommen war, konstituierte sich die Gesellschaft von neuem (11. September 1815), mit demselben allgemeinen Programm, aber unter festeren Formen. So wurde jetzt der Sittenrichter eingeführt, der über die Zucht der versammelten Mitglieder wachen sollte. Außer den monatlichen Versammlungen sollte auch der 18. Juni und der 18. Oktober gefeiert werden. Das Bemerkenswerteste aber ist, daß jetzt als ein besonderer Zweck der Gesellschaft erklärt wurde, Liebe zur preußischen Verfassung und Anhänglichkeit an den König zu verbreiten.[1] In sehr freundlicher und aufmunternder Weise beantwortete dann auch der preußische Gouvernementskommissar von Schmitz-Grollenburg in Trier am 22. September die Anzeige der Kreuznacher Gesellschaft. Man sieht sogleich den Unterschied der Prinzipien der preußischen und der klein- und mittelstaatlichen Regierungen, wie er noch 1815 bestand. Preußen scheute damals noch nicht zurück vor solchen freieren Regungen des bürgerlichen Lebens.

So war der Gesellschaft jetzt volle Gelegenheit gegeben, ihre Lebensfähigkeit zu erweisen. Mit Wärme wurde noch unter reger Beteiligung der Gesellschaft die Feier des 18. Oktobers in Kreuznach wieder begangen.[2] Aber in einer der ersten Sitzungen[3] klagte man schon über das geringe Interesse der Bürgerschaft für die Sache. Man kam auf den Gedanken, sie durch Verhandlungen über Landeskultur und Gewerbethätigkeit zu gewinnen. Aber es fehlte doch von vornherein bei allem guten Willen an klarem und bestimmtem Inhalt. Man machte sich Thätigkeit und suchte nach Zielen, die einer lebenskräftigen Bewegung schon von selbst sich ergeben. So hat man sich schließlich einmal auf Veran-

---

[1] Protokoll vom 11. Sept. 1815.
[2] Mainzer Zeitung vom 28. Okt. 1815.
[3] 4. Oktober.

lassung des Pfarrers Weinmann über die traurige Lage der Volksschulen und Lehrer in Kreuznach unterhalten. Da wurde man lebhaft, weil jeder etwas darüber zu sagen wußte; man wollte eine Geldsammlung veranstalten, Material sammeln, um es der oberen Behörde vorzulegen, redete auch in der nächsten Monatssitzung noch einmal davon, brachte aber nichts zu stande. Daneben klagt man schon im Dezember 1815 über die Saumseligkeit einzelner Mitglieder. Die letzte schon nicht mehr förmliche Sitzung fand am 7. Februar 1816 statt. Die Gesellschaft löste sich dann sang- und klanglos auf. Am 6. Mai 1816 schlug ein früheres Mitglied, ohne Erfolg übrigens, vor, da die Deutsche Gesellschaft durch den „tiefen Frieden, in den die Welt versunken, sowie durch die Tendenz der Zeit" aufgehört habe, eine Lesegesellschaft zu stiften.

Der tiefe Frieden und die Tendenz der Zeit. So schlummerte hier die gut gemeinte und wackere Regung ein, während bei den Ibsteinern der Funke unter der Asche fortglühte und tiefer sich einbrannte. Ein mittleres Drittes für die Ausführung der Arndtschen Idee gab es wohl nicht.

Was wir von weiteren deutschen Gesellschaften wissen, sind nur unsichere Notizen. „In Camberg ist sie im Werden . . . im Amte Wallau werden wir solche jedesmal im Freien zu stande bringen," heißt es in Wilhelm Snells Brief an Welcker vom 30. Juli 1814.

Daß die Gesellschaft im Amte Wallau nicht zu stande gekommen sein soll, sagte Ludwig Snell später aus.[1] Auch in Laubach soll eine Gesellschaft bestanden haben. Die in Kirn gegründete wurde schon oben erwähnt.[2] In St. Goar sollte Ende 1814 eine Gesellschaft im Entstehen sein, auch in Koblenz war sie damals vielleicht geplant.[3] In Aachen

---

[1] Verhör 28. Juli 1820.
[2] S. o. S. 40 f.
[3] L. Snell an Eberts, 31. Dez. 1814.

soll noch 1819 eine zu einem Lese- und Spielzirkel umgewandelte Deutsche Gesellschaft bestanden haben.[1]

Halten wir einen Augenblick inne. Die Beschränkung der deutschen Gesellschaften auf die Lande des Mittelrheins und Mains muß bereits aufgefallen sein. Es ist kein Zufall, daß in den altpreußischen Landen der Arndtsche Weckruf keinen Widerhall gefunden hatte. Er setzte ein Bedürfnis, seinem vaterländischen Sinn und der Hingabe für das Ganze Genüge zu thun, voraus, welches in Preußen während des Krieges längst sein normales Bett gefunden hatte, und den in Arndts Programm tiefer verborgenen Wünschen nach freierem öffentlichen Leben im Innern schien noch die ganze Richtung der Regierung und das am 22. Mai 1815 feierlich wiederholte Versprechen einer Verfassung Erfüllung zu gewähren. Die naturgemäße Erschöpfung trat hinzu. Wer Großbeeren und Leipzig geschlagen hatte, konnte noch kein Ohr wieder haben für die Thaten der Hermannsschlacht und der Hohenstaufen.

Andererseits stand in den größeren süddeutschen Rheinbundstaaten die öffentliche Meinung noch unter dem Drucke ihrer Regierungen,[2] sie lagen auch seitab von der Heerstraße der patriotischen Begeisterung, während nach dem Mittelrhein zugleich mit den Heeren der Verbündeten der ganze Strom derselben herüberflutete. Man weiß, wie der Anblick des Rheines die preußischen Krieger entflammte. Gegenseitig steigerten sie sich in ihrer Stimmung mit den Rheinländern, deren stolze Erinnerungen jetzt wieder erwachten. Freilich weniger die Masse der Bevölkerung nahm an dieser Bewegung teil, als kleine Kreise geistig reger Leute von mehr philosophisch-litte-

---

[1] Bericht der Regierung zu Koblenz an das Polizeiministerium, 13. Aug. 1819.
[2] Vgl. Treitschke I, 520 ff.

rarischer als politischer Bildung. Aber darum entwickelte sie sich um so schneller und hitziger, weil die Teilnahme eines größeren Publikums nicht regulierend und mäßigend auf sie wirkte. So kommt etwas heraus, was sich spezifisch von der preußischen Bewegung zu Beginn des Krieges unterscheidet und was in der Art des Rheinischen Merkurs seinen Ausdruck gefunden hat. Es hat mehr geistreichen Glanz, Schwung und Phantasie. Die ersten Nachrichten vom Rhein mögen es schon gewesen sein, welche Arndt derart geblendet haben, daß er, der das Jahr 1813 an Steins Seite von Petersburg bis Leipzig durchlebt hatte, schreiben konnte:[1] Dort am Rhein, „wenn sie nicht überhaupt ein Traum ist, lebt die rechte Teutschheit; von da fließt sie wie der zarte und geheime Lebensäther des Ganzen mit allen ihren unsichtbaren und kaum vernehmlichen Geistern bis zur Leitha und Eider." „Auch anderswo ist Teutschland, es ist in Flensburg und Königsberg, in Breslau und Stralsund; aber es ist dort nicht so teutsch als hier im Süden."

Aber man merkt doch der Bewegung der deutschen Gesellschaften an, daß ihr die Grundlage einer großen und ernsten Anstrengung fehlte. Unbefriedigt durch das Wenige, was ihnen bei der Bildung der Freiwilligenkorps, der Landwehren und des Landsturmes zu leisten vergönnt war, unbefriedigt durch das, was ihnen ihre kleinen Staaten bieten konnten, haschten die Teilnehmer nach einem politischen Vereinsleben. Der Begriff Deutschheit und Nationalcharakter, auf den hin die Gesellschaften gegründet waren, versagt sehr bald wegen seiner Allgemeinheit, und die Veranstaltungen der Gesellschaften zur Pflege ihres Zweckes haben von vornherein etwas Gemachtes, was keine Dauer haben konnte, auch wenn die Regierungen,

---

[1] Der Rhein, Teutschlands Strom, aber nicht Teutschlands Gränze (1813) S. 69 f. (Schriften für und an seine lieben Deutschen 2, 50). Die Schrift ist von Arndt noch während seines bis nach Neujahr 1814 sich erstreckenden Aufenthaltes in Leipzig geschrieben (vgl. Erinnerungen aus dem äußeren Leben S. 217. Meine Wanderungen und Wandelungen mit Stein, S. 210).

wie es ja in Kreuznach schließlich geschah, sie begünstigten. Auch die Banalitäten der kleinstädtischen Verhältnisse führten hier da zu tragikomischen Konflikten. Es tauchten wohl schon konkretere Ziele auf: Preßfreiheit, Landstände, Landwehr; aber sie waren, wie der Pfarrer Dombois sehr bezeichnend später aussagte, mehr Ahnung als System. Sie hätten ihnen als Ideale vorgeschwebt, aber die Wege dafür zu bahnen, habe man dem Gemeingeist überlassen, der sich erst bilden sollte. Zwei Wege gab es, um zu positivem Inhalt zu kommen, und die beide in der Bewegung schon angedeutet waren. Entweder Anschluß an Preußen, dem, als dem deutschesten und liberalsten Staat die Oberherrschaft über Deuschland zu wünschen war, oder unabhängig von den Regierungen die Ausbildung des konstitutionellen oder gar demokratischen Gedankens. Den ersten Weg hat man durch die Lage von 1815 gedrängt zuerst eingeschlagen, und so bezeichnet der sogenannte Hoffmannsche Geheimbund von 1815, dem wir uns jetzt zuwenden wollen, einen naturgemäßen Fortschritt des politischen Denkens dieser Kreise.

Deutlich spiegelt sich der Wechsel der politischen Situationen der Jahre 1814 und 1815 in den verschiedenen Formen der Organisation, in welcher die Nassauer Freunde zu wirken versuchten. Der hoffnungsvollen und ins Allgemeine schweifenden Stimmung nach dem ersten Pariser Frieden entspricht der Gedanke der Deutschen Gesellschaften. Die Konflikte des Wiener Kongresses und der offen zu Tage tretende Gegensatz Preußens zu Oesterreich und den Mittelstaaten drängten auch die öffentliche Meinung dazu, sich bestimmtere Fragen zu stellen. In dem Kreise von gleichgesinnten Freunden, den wir kennen lernten, erhob sich jetzt die Frage: Was sollen wir thun und wem sollen wir uns anschließen im Fall eines gewaltsamen Zusammenstoßes der Mächte oder eines neuen Krieges mit Frankreich? So wurde wahr, was die nassauische Regierung von den Deutschen Gesellschaften befürchtet hatte, und es bildete sich aus den thätigsten Mitgliedern derselben ein Geheimbund, dessen ausgesprochenes Ziel war: Oberherrschaft Preußens über Deutschland.

Ein genaues Bild dieses sogenannten Hoffmannschen Bundes zu geben, ist außerordentlich schwer, da von gleichzeitigen Zeugnissen und Aktenstücken nur sehr wenig erhalten ist. Die Mitglieder verpflichteten sich bei der Auflösung des Bundes gegenseitig, alle darauf bezüglichen Papiere zu vernichten. Aus den Papieren Hardenbergs, der von dem Bunde wußte, kam, als die Mainzer Zentraluntersuchungskommission 1820 und 1821 danach forschte, nur wenig zum Vorschein, was auch zum Teil noch der Mainzer Kommission vorenthalten wurde.[1] So ist man hauptsächlich auf die späteren Aussagen in den durch die Mainzer Kommission veranlaßten Verhören angewiesen, die sich zum Teil widersprechen und getrübt sind durch gegenseitige Verfeindung der früheren Teilnehmer, auch durch das Interesse, möglichst viel von sich abzuwälzen.[2]

Es ist zu vermuten, daß wieder von Wilhelm Snell die Anregung zur Gründung des Bundes ausgegangen ist. Hoffmann sagte aus,[3] daß Snell Ende Februar 1815 zu ihm gekommen sei und ihm einen engeren Verein vorgeschlagen habe,

[1] Ein Stück daraus ist in der Beilage 2 mitgeteilt.
[2] Dies gilt namentlich von den Aussagen Hoffmanns und Dorows. Am zuverlässigsten sind die Aussagen des Amtsadvokaten Martin und des Geh. Justizrats Martin in Jena. Die gedruckte Litteratur bietet gegenüber den Akten nichts Wesentliches. Ilse, Gesch. der polit. Untersuchungen, S. 77 ff. und (Mannsdorf) Geschichte der geheimen Verbindungen der neuesten Zeit, Heft 1, schöpfen aus den Darstellungen der Zentraluntersuchungskommission, ohne alle Zusammenhänge zu kennen. Leo, Meine Jugendzeit, S. 169 f., hält unrichtigerweise die Hoffmannschen Verfassungsartikel für die Deutschen Gesellschaften für Statuten seines Bundes. Die Unzuverlässigkeit der Erzählungen Wit von Dörings, der in seinen „Fragmenten aus meinem Leben und meiner Zeit" 1, 161 f. und 179 Wahres und Falsches darüber durcheinander mengt, ist bekannt. Wenig brauchbares enthält Dorow, „Erlebtes aus den Jahren 1813—1820" 1, 152 und 201 ff.
[3] Erklärung vom 10. Aug. 1820, vgl. Welcker, S. 255.

der für die Erhaltung der Freiheit des deutschen Volkes wirken, aber erst dann in Thätigkeit treten sollte, wenn Deutschland in eine alles umfassende Krisis gerate. Dann solle sich die Verbindung an diejenige Macht anschließen, welche die volks= mäßigsten Grundsätze besitze; übrigens solle sie sich durchaus aller Schritte gegen die bestehenden Verfassungen enthalten.

Es sei dahingestellt, ob man es sich damals schon mit solcher Schärfe zur Pflicht gemacht hat, jede Opposition gegen das Bestehende zu meiden. Auch der erste Teil des Hoffmann= schen Zeugnisses wäre nicht ohne weiteres glaubwürdig, wenn es nicht durch eine innere Wahrscheinlichkeit gestützt würde. Wir begegneten bereits in dem Briefe Wilhelm Snells vom 30. Juli 1814 seinen phantastischen Plänen von einem engen geheimen Bunde, der für den Fall einer Krisis alle Guten und Aufopferungsfähigen umschließen sollte. Die bewegte Zeit um die Wende der Jahre 1814 und 1815 veranlaßte ihn nun, seinen Plan wieder aufzunehmen.

Unsicher ist der Zeitpunkt, in welchem dies geschehen ist. Ludwig Snell erzählt,[1] daß ihm Hoffmann schon 1814 den Plan mitgeteilt habe. Auch der Amtsadvokat Martin aus Homberg, damals Polizeiinspektor in Düsseldorf unter Justus Gruner, will Ende 1814 oder Anfang 1815 von Hoffmann benachrichtigt worden sein.

Nach Ludwig Snell war der von Hoffmann zuerst ange= gebene Zweck die Erhaltung der Ideen einer monarchischen und liberalen Regierungsform in Deutschland und die Verteidigung der Selbständigkeit gegen äußere Feinde. Er stimmt mit Hoff= mann darin überein, daß erst etwas später Preußen als die jenige Macht bezeichnet wurde, auf deren Suprematie in Deutsch= land der Bund im Falle einer Krisis hinzuarbeiten habe.[2]

---

[1] Bericht an Hardenberg vom 1. Dez. 1820 und Verhör 13. Aug. 1821.

[2] Nach L. Snell geschah dies noch 1814. Bei seinem Aufenthalte in Kreuznach Weihnachten 1814 will er schon für Preußen agitiert haben.

Nicht unwahrscheinlich ist, daß Justus Gruner, damals General≈ gouverneur von Berg, diese Tendenz hineingebracht hat, zu der ja die ganze Bewegung schon drängte. Man weiß, mit welchen verwegenen Plänen zu einer Volkserhebung sich der leiden≈ schaftliche Mann schon zu den Zeiten der Fremdherrschaft ge≈ tragen hat und welche flammende Sprache er als General≈ gouverneur zu der Bevölkerung der Rheinlande führte. Agitation und Einwirkung auf die öffentliche Meinung durch kräftige, etwas abenteuerliche Mittel und der Reiz, der darin lag, solche Kräfte spielen zu lassen und doch dabei zu meistern, mochte für ihn Lebensluft sein. In seinem Polizeiinspektor Martin, einem unruhigen und ehrgeizigen Manne, der schon bei der Dörn≈ bergschen Erhebung des Jahres 1809 eine Rolle gespielt hatte,[1] hatte er für solche Wirksamkeit ein geeignetes Werkzeug. Als ihm Martin ein Schreiben Hoffmanns vorlegte, welches die ersten Mitteilungen über den Bundesplan enthielt, beauftragte er ihn, nach Frankfurt zu reisen und die Sache zu prüfen.[2] Gruner fand, als Martin zurückkehrte, daß eine weitere Ausbrei≈ tung der Verbindung für die deutsche Sache und für Preußen namentlich Gewinn bringen könne, ermunterte durch Martin Hoffmanns Thun und revidierte die von diesem entworfenen Statuten. Der Bund sollte danach hinwirken auf National≈ bewaffnung und Landsturm, Turnwesen, deutsche Sprache und Tracht und Vereinigung Deutschlands unter Preußen. Dieser Hauptzweck aber sollte — und diese Formulierung Martins stimmt zu den Aussagen Hoffmanns und Ludwig Snells — erst eintreten, wenn durch unglücklichen Ausgang des Krieges Entzweiung der verbündeten Mächte, vielleicht auch durch eine

---

Hoffmann verlegt es in die Zeit kurz nach der Rückkehr Napoleons, 1815. In ersterem Falle wäre der sächsische Konflikt auf dem Wiener Kongresse das treibende Ereignis gewesen.
[1] Vgl. darüber Lynker, Gesch. der Insurrektionen wider das west≈ fälische Gouvernement S. 88 ff. und 194 f.
[2] Aussagen Martins 28. Dez. 1820. Im Januar 1815 will er die Reise unternommen haben.

dem Bunde fremde Revolution eine Krisis entstehe, welche die Vereinigung Deutschlands unter einem Oberhaupte notwendig mache. So schrieb nun auch Gruner selbst von Düsseldorf aus am Tage der Schlacht von Belle Alliance an Gneisenau: „Ich habe durch und mit Hoffmann eine geheime Verbindung eingeleitet, welche die „Einheit Deuschlands unter Preußen" zum Ziele hat."[1] Gruner meinte, die Thätigkeit des Bundes an die Armeepolizei anknüpfen zu können, deren Leitung ihm schon im April 1815 übertragen war.[2] Er wies Gneisenau auch auf den Plan Hoffmanns, eine deutsche Freischaar zu errichten, welche aus Freiwilligen aller deutschen Länder bestehen und unter preußischer Führung an dem Kriege teilnehmen sollte.

Es ist ein ganzer, innerlich zusammenhängender Komplex von Plänen, von Gruner, Hoffmann und Wilhelm Snell ausgehend, der hier auftaucht. Hoffmann mißt sich das Verdienst bei, die ersten Vorschläge zur Errichtung einer Armeepolizei gemacht und an Gneisenau, Hardenberg und den Kriegsminister von Boyen mitgeteilt zu haben.[3] Aber erst Gruner wird den kecken Gedanken hinzugefügt haben, sie für die Zwecke des Bundes auszunutzen.

Von noch größerem Interesse ist der Plan der deutschen Freischaar. Gewiß ist hier wieder Hoffmann von Wilhelm Snells unruhiger Sehnsucht inspiriert worden.[4] Von den beiden Fällen, die er in dem Briefe vom 30. Juli 1814 sich gedacht hatte, Umstürzungen im Innern Deutschlands und Gewaltthat

---

[1] Pertz-Delbrück, Gneisenau 4, 566.
[2] Reskript Hardenbergs an Gruner, 19. April 1815; vgl. Pertz-Delbrück a. a. O. S. 504.
[3] Erklärung vom 10. Aug. 1820. Die Akten des Staatskanzleramts und des Kriegsministeriums über Errichtung der Armeepolizei ergeben darüber nichts. Martin glaubt sich aber auch zu erinnern, daß Hoffmann die ersten Vorschläge eingereicht habe.
[4] Hoffmann sagt in der angeführten Erklärung ausdrücklich, daß die Freischaar nicht von ihm ursprünglich projektiert worden sei.

frember Völker, namentlich Frankreichs, lag ber zweite jetzt vor, und an Besorgnissen für den ersten hatte es nicht gefehlt. Das Volk müsse, hatte er bamals gemeint, für biese Fälle sich in den Waffen üben und aufstehen, aber als Deutsche, nicht als Nassauer und Darmstädter. Sollten jetzt die Freiwilligen aus biesen Landen, welche gegen Napoleon kämpfen wollten, sich den Kontingenten ihrer Fürsten anschließen? Es ist bekannt, mit welchem eifersüchtigen Mißtrauen die Mittelstaaten 1815 ihre Truppen der preußischen Heeresführung zu entziehen suchten. Der nassauischen Regierung gelang es, dank der englisch= oranischen Politik. Wilhelm Snell aber veröffentlichte im Rheinischen Merkur [1] einen Aufruf zur Bildung einer beutschen Freischaar. Gegenüber ben Schaaren der Bayern, Württem= berger und Hessen erhebe sich mitten unter ihnen bie teutsche Freischaar, hinweisend alle und mahnend an das Eine Volk der Germanen.

Schon vorher hatte sich Hoffmann an Gneisenau mit bem Plane gewandt.[2] Dieser, der Hoffmann schon von seiner Thä= tigkeit in der Frankfurter Bewaffnungskommission her kannte, ermunterte Hoffmann in seinem Beginnen und verhieß, daß die

---

[1] Nr. 219, 7. April 1815, anonym; daß W. Snell einen solchen Auf= ruf im Rhein. Merkur veröffentlicht habe, bezeugt L. Snell. Nach Stil und Inhalt ist es jedenfalls dieser Aufsatz.

[2] Rödelheim 23. März 1815. Abschr. Viele Männer und Jünglinge hätten sich schon deswegen an ihn gewandt, aber sie erklärten bestimmt, nur unter Preußens Fahnen kämpfen zu wollen, durchaus nicht auf die Art, wie das vorige Mal. „Es kann für Preußen — für das gesammte Teutschland nicht gleichgültig sein, daß während von den meisten kleineren Regierungen des Bösen so viel ausgehet und noch mehr bezweckt wird, das gesammte Volk durch seinen gebildeten Theil die reine Erkenntniß des Besseren, was in der Preußischen Staatsverwaltung — im Geist Preußens liegt — so laut ausspricht und sehnsuchtsvoll nach den Beglückungen dieser Regierung strebet.

„Hoher teutscher Sinn hat die Gemüther allmächtig ergriffen — nur in ihm kann und will man leben — und nur Preußen gewähret eine solche gerechte Befriedigung."

Freischaar der Blücherschen Armee angeschlossen werden solle.[1] Warum der Plan, der auch von Hardenberg gebilligt wurde,[2] nicht zur Ausführung kam, ob er nur durch den schnellen Gang der kriegerischen Ereignisse überholt wurde oder schließlich doch staatsrechtliche und politische Bedenken erregt hat, wissen wir nicht.

Welche phantastischen Hoffnungen und Absichten knüpften die Gesinnungsgenossen an diesen Plan der deutschen Freischaar an! Sie sollte nicht bei einigen Tausenden verbleiben, sondern zu einem Heere anwachsen, im Frieden dann die Wache des Reiches und des künftigen Kaisers bilden und das Reichspanier führen.[3] Die Stifter des Bundes, welche die Oberherrschaft Preußens als Ziel sich setzten, hegten solche Gedanken in konkreterer Form sicherlich auch.

Die eine der beiden hier sich aufbrängenden Hauptfragen ist, wie weit solche Ideen Wiederhall fanden in der Nation. Man hat bisher immer mit besonderer Aufmerksamkeit auf die, wie man meinte, vereinzelten Stimmen geachtet, welche in den Jahren 1814 und 1815 gegenüber dem verworrenen Chaos der öffentlichen Meinung den Gedanken der preußischen Oberherrschaft über Deutschland ausgesprochen haben. Hagen machte schon auf einen Aufsatz in den „Deutschen Blättern"[4] aufmerksam, der die Entwickelung des preußisch-österreichischen Dualismus im Bunde mit scharfem Blick voraussah. Treitschke wies auf den Adjutanten Karl Augusts, den jungen Ottokar Thon,[5] der „allein unter allen Zeitgenossen" die Losreißung von Oesterreich und die Einheit Deutschlands unter Preußen vorhergesehen habe. Aus demselben Kreise stammen die Denkschriften

---

[1] Gneisenau an Hoffmann, Lüttich 21. April 1815. Abschr.
[2] Gruner an Gneisenau 18. Juni 1815 a. a. O.
[3] Bemerkungen des Rhein. Merkurs zu dem Aufruf W. Snells, jedenfalls von Görres herrührend.
[4] a. a. O. 1846 S. 684 f.
[5] Deutsche Gesch. 1, 680.

des weimarischen Ministers von Gersdorff, die das Unions=
programm von 1849 schon in allem Wesentlichen enthalten.[1]
Delbrück meinte,[2] nur ein außerhalb der politischen Geschäfte
stehender Soldat, wie der General von Steinmetz[3] habe damals,
unbeirrt durch das Bewußtsein der damaligen Unmöglichkeit,
den richtigen Weg sehen können. Es wird aus unserer Dar=
stellung hervorgegangen sein, daß damals wenigstens am Rheine
der Boden für diesen Gedanken weiter schon zubereitet war,
als man gemeint hat. Freilich war die Bewegung von keiner
Tiefe, ihre Träger sind keine Persönlichkeiten, die von einer
innersten Ueberzeugung und Einsicht dazu gedrängt waren, und
es ist deutlich zu verfolgen, wie sie durch Konstellationen des
Wiener Kongresses und des zweiten Krieges gegen Napoleon
vor allem zu ihrer schnellen Entwickelung getrieben ist. Man
wird fast an 1848 gemahnt, wo man am 20. Juni im Frank=
furter Parlament den Abgeordneten Braun aus Köslin mit
stürmischer Heiterkeit abwies, als er von der preußischen Spitze
sprach und dann doch durch das Dilemma der politischen Ent=
wickelung zu ihr hingedrängt wurde.

Immerhin läßt sich zeigen, daß auch außerhalb des be=
sonders aufgeregten Kreises, dessen Mittelpunkt Hoffmann war,
verwandte Pläne und Anschauungen lebendig waren. Der
Aufsatz Wilhelm Snells über die rheinische Freischaar fand
Wiederhall in der eben konstituierten Jenenser Burschenschaft.[1]
Friedrich Perthes wirkte von Hamburg aus seit dem Ausbruch

---

[1] Die eine vom April 1815 bei Schmidt, Geschichte der deutschen Ver=
fassungsfrage während der Befreiungskriege ꝛc., S. 493 ff., die andere vom
Jan. 1817 wird von mir in der „Histor. Zeitschrift" veröffentlicht werden.
[2] Die Ideen Steins über deutsche Verfassung. Preuß. Jahrb. 64,
129 ff.
[3] Vgl. sein Schreiben an Gneisenau, St. Gobain 15. Sept. 1815, Pertz:
Delbrück, Gneisenau 4, 631 f.: „Auch ist keine Rettung für Deutschland
und für Preußen selbst, als dadurch, daß diesem Hause die Oberherrschaft
übertragen wird."
[1] Hauptbericht der Mainzer Kommission von 1827 § 114.

des Krieges dafür, daß sich im Rücken des kämpfenden Heeres die besten und edelsten Kräfte aus ganz Deutschland unter einem Führer ersten Ranges sammelten und betrieb in den Hansestädten die Vorbereitungen dafür. Man bot dem Landgrafen Ernst von Hessen-Philippsthal-Barchfeld, der den Feldzug von 1812 als russischer Oberst mitgemacht hatte, den Oberbefehl über die Schaar an.[1] Benzenberg, der auch mit Görres in Verbindung stand, soll vor der Schlacht von Belle-Alliance Gneisenau den Plan zu einer allgemeinen Volkserhebung auf dem linken Rheinufer vorgelegt haben.[2] Selbst in Wien wurde damals, anscheinend in einem Zusammenhange mit dem Perthesschen Plane, für die Errichtung einer deutschen Freischaar gewirkt.[3]

Und überall steht die Idee mit der Besorgnis in Zusammenhang, daß die Rückkehr Napoleons für Deutschland ein Zeitalter neuer Umwälzungen heraufführe, deren Charakter noch gar nicht zu berechnen war. Perthes fürchtete, und wahrlich nicht ohne Grund, die Unzuverlässigkeit der Rheinbundsregierungen; sei an einer einzigen Stelle nur der Damm gebrochen, so werde schnell genug in diesem oder jenem Kabinett Feigheit oder Verrat die Oberhand gewinnen. Dem jungen Thon schien die Gefahr mehr von unten her zu drohen. Sein den positiven Kräften zugewandter Blick sah weniger auf die Bosheit der Regierungen als auf die zur Einheit drängende nationale Strömung, die nur zu leicht zur Revolution anschwellen konnte. „Es scheint mir", schrieb er an Henning,[4] „wir leben von neuem

[1] Friedrich Perthes' Leben ⁸ 2, 33.
[2] Neuer Nekrolog 1846 I S. 374.
[3] Ottokar Thon an Leop. Henning, den späteren Professor der Philosophie in Berlin, Wien, 9. April 1815. Vortrag der Mainzer Kommission über den Hoffmannschen Bund. Der „Prinz von Lerchfeld" stehe an der Spitze; vermutlich verlesen für „Barchfeld".
[4] a. a. O.; vgl. seinen von Treitschke citierten Aufsatz „Was wird uns die Zukunft bringen" März 1815 (Aus den Papieren eines Verstorbenen S. 22 f.).

in den Jahren 1788 und 1789 und die Bastille in Deutschland
wird gestürmt werden, wenn die Franzosen diesseits des Rheins
sind." Wir erinnern uns, wie auch Wilhelm Snell und Hoff=
mann solchen revolutionären Zuckungen entgegenzusehen glaubten.
Beweisen solche Aeußerungen auch noch nicht das wirkliche Vor=
handensein revolutionärer Bestrebungen, so zeigen sie doch, wie
dunkel aufgeregt die Stimmung im Frühjahr 1815 war. Sie
sticht deutlich ab von dem hellen Schwunge der Erhebung von
1813. Mit beklommenem Herzen sah man in die Zukunft.
Und der Grund von alledem ist klar. Was auf dem Wiener
Kongresse geschehen war, hatte gründlichst die Vorstellung von
der einmütigen Brüderlichkeit der europäischen und der deut=
schen Mächte zerstört, man fühlte sich durch ihre Bündnisse
nicht mehr geschützt, und so gebar die Angst und Not des
Augenblicks den Gedanken der preußischen Hegemonie.

Dieses Gefühl der Schutzlosigkeit hatte schon im Anfang
des Jahres 1815 vor Napoleons Rückkehr Ernst Moritz Arndt
zu seiner kühnsten, leidenschaftlich bewegtesten Schrift getrieben:
„Ueber Preußens Rheinische Mark und über Bundesfestungen",[1]
deren Veröffentlichung selbst Gruner bedenklich schien.[2] „Deutsch=
land ist ohne Schirm, ohne Band, ohne Halt, ohne Gestalt",
aber gottlob, es gibt solche, welche den Weg zum Heile sehen.
„Preußen wird durch sein eigenes großes Herz, es wird durch
den fortreißenden Strom der Umstände und Verhältnisse, es
wird durch die Notwendigkeit des Kampfes um sein eigenes
Dasein zu jener Höhe hinaufgetrieben werden, vor welcher ihm
jetzt selbst noch schwindeln würde, wenn es sie sehen könnte,
wie sie sein wird. O, ich könnte weissagen, so klar steht Preußens
und Germaniens Zukunft vor meiner Seele; aber ich will die

---

[1] 1815 ohne Verf. und Ort. Vgl. Arndt, Notgedr. Bericht 1, 352.
[2] Martin an Reimer, 24. April 1815, Auszug in dem Vortrage über
Hoffmann; die Schrift erschien im Juni 1815.

Wonne der Gesichte in meiner Brust verschließen, deren Erfüllung nicht mehr in weiter Ferne dämmert."[1]

Auf der Gegenseite kannte man sehr wohl diese Strömungen. Merkwürdig, wie man sich in den Kreisen der nassauischen Regierung jetzt wieder der doch unterbrückten Deutschen Gesellschaften erinnerte.

„Wenn ich von den Deutschen Gesellschaften rede," schrieb der nassauische Geheimerat von Almenbingen, der Verfasser des Aufsatzes in der Allemannia gegen sie[2] an den österreichischen Diplomaten von Hügel in Frankfurt am 14. April 1815,[3] „so kann ich von dem neuen Kriege gegen Napoleon nicht schweigen. Ein und dieselbe unsichtbare Faktion sucht beides zu benutzen. Absichtlich und planmäßig scheint ein ‚herrschsüchtiges Kabinett' es auf die Bearbeitung der öffentlichen Meinung in seinem Sinne angelegt zu haben. Wollen die deutschen Regierungen Regierungen bleiben, so können sie die Deutschen Gesellschaften nicht dulden. Und solchen Gedanken gab auch der österreichische Vertreter Beifall[4] und stimmte ein gegen „die Blindheit der Herrschsucht und der Vergrößerungsbegierde des bezeichneten Kabinetts."

Keine Spur von einer Beeinflussung der Deutschen Gesellschaften durch die preußische Regierung liegt vor. Aber daß der Hoffmannsche Bund nicht nur von Gruner, sondern von den Spitzen der preußischen Regierung gekannt worden ist und daß, um das Mindeste zu sagen, die Leiter des Bundes in dem Glauben gestanden haben, die Billigung der preußischen Regierung zu finden, kann man nachweisen. Gruner sagt[5] ausdrücklich, der Staatskanzler habe die Verbindung genehmigt.

[1] S. 79 f.
[2] S. o. S. 19.
[3] Wiesb. Arch.
[4] Hügel an Almenbingen 19. April 1815. Wiesb. Arch.
[5] In dem angeführten Schreiben an Gneisenau vom 18. Juni 1815. Auch Martin (Verhör vom 28. Dez. 1826) weiß davon, daß Gruner Hardenbergs Genehmigung eingeholt habe.

Mag ihm auch Gruner vielleicht nicht in so unverhüllten Worten
wie an Gneisenau ihr Ziel, die „Einheit Deutschlands unter
Preußen", mitgeteilt haben, so kann er ihn doch thatsächlich
schwerlich im unklaren darüber gelassen haben. Hardenberg
hat freilich, als 1821 die unbequeme Notwendigkeit an ihn
herantrat, über seine Kenntnis von dem Hoffmannschen Bunde
Zeugnis abzulegen, es über sich vermocht, seine Mitwissenschaft
an der Haupttendenz des Bundes abzuleugnen. Er habe, schrieb
er damals der die Untersuchungen in Preußen leitenden Mini=
sterialkommission,[1] nur von einem Plane Gruners gewußt,
Verbindungen zu stiften zur Befestigung der Unabhängigkeit
und zur Verteidigung Deutschlands; er habe dies gebilligt mit
der Maßgabe, unter Beirat Gneisenaus jenen Verbindungen
die Tendenz der Bewaffnung gegen den Feind zu geben; von
Hoffmann nur untergelegt aber sei der Zweck gewesen, für das
spezielle Interesse Preußens oder die konstitutionelle Idee zu
wirken.[2]

Daß einer seiner eigenen Agenten, durch die der Staats=
kanzler die öffentliche Meinung zu behorchen pflegte, damals
mit dem Hoffmannschen Bunde in Verbindung gestanden und
ihm darüber laufend berichtet hat, verschweigt er ganz. Es ist
der wohlbekannte Wilhelm Dorow, eine von jenen geschäftigen
und gutmütig eitlen Naturen, welche damals auf den Wogen
der vervielfachten großen und kleinen politischen Geschäfte
fröhlich umherfuhren, wohlmeinende Dilettanten der Politik
wie später in den ruhigen Friedensjahren der Litteratur und
Wissenschaft. Dorow, damals Kommissar der Zentralhospital=
verwaltung, wurde mit Hoffmann im Frühjahr 1815 näher
bekannt und stellte ihm, als er von dessen Bundesplänen hörte,
in Aussicht, Hardenbergs Zustimmung und Unterstützung zu
gewinnen. Hoffmann gab später vor,[3] daß er durch Dorows

---
[1] Laibach 22. Januar 1821.
[2] Vgl. Varnhagen, Blätter aus der preuß. Geschichte 1, 257 f.
[3] Erklärung vom 10. Aug. 1820.

zubringliche Verheißungen bethört worden sei und daß auf bessen Betreiben erst der Bund Preußen als diejenige Macht bezeichnet habe, der man sich im Falle einer Krisis anzuschließen habe. Aber nach Gruners gleichzeitigem und Martins späterem Zeugnisse wird man viel eher dies auf Gruners Einfluß schieben müssen. Dorow empfing zur Mitteilung an Hardenberg von Hoffmann auch den Entwurf der Verfassungsurkunde des Bundes[1] und ein Verzeichnis der Mitglieder, richtiger wohl der Mitwisser, da der Bund zur Konstituierung überhaupt nicht gekommen ist.

Von nicht geringem Interesse wäre es zu wissen, wie Hardenberg damals die Mitteilungen Gruners und Dorows aufgenommen hat. Wenn er wirklich, wie Gruner sagt, den Bundeszweck in seinem vollen Umfange genehmigt hat, welche merkwürdige Aussicht auf eine sardinische Politik, fast möchte man sagen, auf eine Politik, wie sie einst Gattinara dem Kaiser Karl V. im Bauernkriege geraten hatte, würde das eröffnen. Aber man darf nicht die politische Situation der Zeit vergessen. Die dunklen Besorgnisse, durch welche die öffentliche Meinung damals erregt war, mochten es auch dem Leiter der preußischen Politik damals wünschenswert erscheinen lassen, daß sich außerhalb Preußens eine Partei bildete, welche vielleicht einen günstigen Einfluß auf die Haltung der Mittel- und Kleinstaaten üben konnte.[2]

Auch was Gneisenau auf jene Eröffnungen Gruners geantwortet hat, wissen wir nicht. Sie entsprachen im Grunde dem glänzenden Programm für die preußische Politik der Zukunft, das er Hardenberg am 15. Mai 1814 vorgelegt hatte.[3] Durch

---

[1] Vermutlich wohl den von Gruner revidierten Entwurf.
[2] Wir wissen recht wenig von Hardenbergs damaligen Plänen. Sein Schreiben an Gneisenau vom 29. März 1815 (Pertz-Delbrück 4, 480) stimmt zwar Gneisenaus Klagen gegen Bayern bei, ist aber doch noch recht optimistisch gehalten. Der Aufstand der Sachsen in Lüttich am 2. Mai mag ihn vielleicht etwas umgestimmt haben.
[3] Pertz-Delbrück 4, 254 ff.; vgl. S. 280 f.

das Primat der Waffen, der Konstitution und der Wissenschaften, meinte er, solle Preußen Eroberungen in Deutschland machen. Die öffentliche Meinung in Deutschland solle gewonnen werden und dadurch der Wunsch, mit Preußen vereinigt zu sein, erwachen. Es war gewiß nicht Gneisenaus Art, solche Pläne, wie sie Gruner und Hoffmann hatten, von vornherein abzulehnen und unter eine scharfe kritische Sonde zu nehmen. Zwei freundliche, kurze Schreiben von ihm an Hoffmann[1] bezeugen immerhin, daß ihm der Mann auch ferner nicht einer Ermunterung unwert erschien.

Eine übergroße Bedeutung werden zunächst weder Hardenberg noch Gneisenau dem Unternehmen beigelegt haben, das zu einer festen Organisation noch gar nicht gelangt war, aber sich allerdings gerade in jenen Monaten eifrig bemühte, Anhänger zu werben. Hoffmann und Wilhelm Snell wetteiferten darin. Eine „köstliche Ausbeute" wollte Hoffmann[2] in Heidelberg gehabt haben. Er ging besonders darauf aus, namhafte Persönlichkeiten zu werben. Der Polizeiinspektor Martin, Gruners Gehilfe, machte ihn auf seinen Vetter, den Professor der Rechte Martin in Heidelberg[3] aufmerksam, der auch zu denen gehörte, welche damals besorgt in die Zukunft Deutschlands sahen und in der professorenhaften Art Karl Theodor Welckers ein Anhänger konstitutioneller Ideen war. Hoffmann suchte ihn in Baden-Baden auf, teilte ihm mit, daß sich unter Hardenbergs Schutz eine Verbindung bilde, welche für größere Sicherheit gegen französische Ueberfälle und Ausbildung der Einheit des deutschen Bundes wirke. Martin sagte seinen Beitritt zu unter

---

[1] Sept. 1815 und 11. April 1816, Abschrift in den Hoffmannschen Untersuchungsakten.

[2] An Dorow, Baden-Baden, 20. Juli 1815, Auszug in den Akten über Hoffmann.

[3] Seit 1816 Geh. Justizrat in Jena, Verf. des lange Zeit hoch angesehenen „Lehrbuchs des bürgerl. Prozesses", gest. 1857; vgl. Allg. deutsche Biogr. 20, 485 ff.

der Bedingung, daß nur gesetzlich erlaubte Mittel angewandt würden.¹

Hoffmann gab also zunächst keineswegs offen heraus den eigentlichen Zweck an. Martin will mißtrauisch geworden sein, als er ihn erriet. Ebenso behauptete der Advokat Hofmann in Darmstadt, daß ihm und andern Mitgliedern der eigentliche Zweck vorenthalten sei. Es sei ihnen immer nur angesonnen worden, alles von Preußen Ausgehende öffentlich zu loben und ihnen mitgeteilt, daß die angesehensten preußischen Staatsdiener um die Sache wüßten und sie billigten. Das habe schließlich bei ihm und andern Entrüstung hervorgerufen.²

So begann schon innerhalb des Bundes selbst die Zersetzung. Wie merkwürdig verschieden war die Wirkung des ersten und des zweiten Pariser Friedens. 1814 hatte man mit frischer und naiver Freude den Gedanken gefaßt, die nationale Gesinnung methodisch zu pflegen. Der Rückschlag des Feldzuges von 1815 war, daß diejenigen Elemente, welche eben noch unter dem Drucke einer ungewissen Gefahr zu einem aussichtsreichen Wirken vereinigt zu werden schienen, wieder auseinanderfielen. Gruner, der in Paris die ärgerlichen Verhandlungen Preußens mit den verbündeten Mächten über die Frankreich aufzuerlegenden Opfer verfolgen konnte, kam schon hier zu der Ueberzeugung, daß für die Thätigkeit des Bundes kein Raum mehr sei und ließ dies durch Martin an Hoffmann mitteilen.³ Dieser war selbst schon mit einigen Mitgliedern in Streit geraten, weil sie nicht mit der gehörigen Vorsicht zu Werke gingen.⁴

Auf das Drängen des Professors Martin, der die vor-

---
[1] Aussagen des Geh. Justizrats Martin 29. März 1821.
[2] Aussage vom 4. Jan. 1821.
[3] Aussage Martins 28. Dez. 1820 und Hoffmanns 11. Aug. 1820.
[4] Hoffmann an Dorow, 17. Sept. 1815, Abschr. Später sagte H. aus, er sei unzufrieden über die Aufnahme von Studenten und unerfahrenen Leuten gewesen.

handenen Mitglieder überhaupt einmal kennen lernen wollte, wurde Anfang Oktober eine Generalversammlung des Bundes in Frankfurt anberaumt.[1] So erschienen denn am 8. Oktober 1815 in dem Hause des Kaufmanns Winter, wo dessen Bruder, der Buchhändler Winter aus Heidelberg und der Professor Martin logierten, etwa 12—20 Personen. Hoffmann, der kurz zuvor, als sein Konflikt sich verschärft hatte, ausgeschieden war, erschien nicht.[2] Neben mehreren Pfarrern und Beamten bemerkte Martin mit Mißvergnügen auch jüngere unreife Elemente. Mit den Aelteren verständigte er sich bald dahin, daß das ganze Unternehmen zwecklos sei, und mit ihrer Hilfe gelang es ihm, auch die Jüngeren in einer zweiten Zusammenkunft an demselben Tage zu bestimmen, die Sache aufzugeben. Man versprach sich, alle auf den Bund bezüglichen Schriftstücke zu vernichten.[3]

Wie sehr diejenigen Teilnehmer der Versammlung, welche nicht die besondere Entwickelung des Hoffmannschen Bundes, wohl aber die ersten Anfänge der Bewegung der Deutschen Gesellschaften gekannt hatten, von dem innern Zusammenhange beider Erscheinungen überzeugt waren, zeigt ein Schreiben Friedrich Gottlieb Welckers an seinen Bruder Karl aus Gießen vom 28. Oktober 1815, das offenbar auf die Usinger Zusammenkunft von 1814 zurückgreift: „Der Justizrat Hoffmann hat sich schlecht betragen, — nach einer großen Erbschaft wurde ihm ganz anders zu Sinne. Dadurch hat der Zirkel, den du kennst,[4]

---

[1] Jedenfalls durch Hoffmann; er leugnet es, wird aber durch die übereinstimmenden Aussagen L. Snells, des Geh. Justizrats Martin und des Buchhändlers Winter widerlegt.

[2] Zu den Teilnehmern der Versammlung gehörte auch der Polizeiinspektor Martin und Professor Friedr. Gottl. Welcker, letzterer von dem Professor Martin hinzugezogen (vgl. C. Welckers Verteidigung S. 252 und 260); ferner der Advokat Hofmann, Advokat Schulz aus Gießen, Weidig, vielleicht auch einer der Brüder Snell und ihr Schwager Dombois.

[3] Aussage des Geh. Justizrats Martin, Jena 30. März 1821.

[4] C. Welcker a. a. O. weist nach, daß sein Bruder irrtümlich die Usinger Verabredung mit dem Hoffmannschen Bunde verwechselt hat.

ganz aufgelöst werden müssen. Allerlei kam dazu. Man hat sich hier und da in gutem Eifer übereilt."[1]

Wie weit der Bund verbreitet gewesen ist, läßt sich gar nicht sagen. Hoffmann selbst hat schon 1815 viel geflunkert und später selbst erklärt, er habe auf die für Hardenberg bestimmte Mitgliederliste auch solche Namen gesetzt, deren Interesse für die Sache man auch nur vermutet habe. Immerhin scheint es nach verschiedenen Spuren, daß in den Landen um Rhein und Main damals mehr Leute um den Bund gewußt haben, als die geringe Zahl derer, deren Mitgliedschaft sicher feststeht,[2] vermuten läßt. Hoffmanns Aerger war nicht gering,

[1] Auszug in dem Berichte der Zentraluntersuchungskommission über den Hoffmannschen Bund, citiert im Berichte der Zentraluntersuchungskommission von 1827 § 137.

[2] Ein Mitgliederverzeichnis auf Grund des mir vorliegenden Materials zu geben, wage ich nicht, weil zu viel widersprechende unkontrollierbare Aussagen vorliegen. Sogar die Namen Steins und Schenkendorfs sind hineingezogen worden. Auch Professor Kieser aus Jena wurde vom Polizeiinspektor Martin zum Beitritt aufgefordert, lehnte aber, wie er aussagte, ab, während Martin seine Mitgliedschaft bestimmt behauptete. Ob Karl Follenius und die Jenenser Professoren Luden und Fries, wie der Hauptbericht der Zentraluntersuchungskommission von 1827 §§ 96, 103, 110 und 243 insinuiert, Mitwisser des Bundes gewesen sind, war nicht sicher festzustellen. Der Brief Fr. G. Welckers an seinen Bruder vom 28. Oktober 1815, auf den die Zentraluntersuchungskommission ihre Annahme hinsichtlich Ludens zu stützen scheint, beweist nur, daß Luden in den Tagen der Auflösung des Bundes in Frankfurt gewesen ist und mit dem Professor Martin gesprochen hat. Fries leugnete im Verhör jede Kenntnis. Hoffmann sagte aus, daß er anfangs nur mit Wilhelm und Karl Snell (letzterer damals Rechtskandidat), Amtsassessor Rosenkranz in Rödelheim, Dr. Gwinner in Frankfurt a. M. und seinem eigenen Sohn verbunden gewesen sei. Später seien hinzugetreten Amtmann Schenk zu Fulda und Assessor Schuhmacher zu Arolsen. Als sonstige Mitglieder seien ihm bekannt L. Snell, Pfarrer Hermann (S. o. S. 29), Pfarrer Schaper, Rektor Keck zu Wiesbaden, Martin aus Homberg, Professor Kieser, Duden aus Mühlheim, Neumann aus Koblenz, Stein zu Kirchen, v. Mühlenfels, Advokat Hofmann zu Darmstadt, ein Follenius, Pfarrer Müller aus der Nähe von Kreuznach, Thoms aus Mecklenburg, Münchhausen aus Hannover und Dorow. Als nicht unwahrscheinlich erklärte er es auch, daß Weidig und die Brüder Löning durch W. und L. Snell in den Bund gezogen worden

als einmal Handwerksburschen bei ihm eintraten und ihn fragten, ob er sie nicht brauchen könne; sie hätten gehört, er wolle Revolution machen.

Aber weniger in dieser äußeren Verbreitung liegt die Bedeutung des Bundes, als darin, daß er für einige wenige besonders tief erregte Mitglieder das natürliche Durchgangsstadium war von der ungeklärten patriotischen Aufwallung des Jahres 1814 zu dem Radikalismus der späteren Jahre. Diejenigen unter den Leitern des Bundes, welche mehr durch das bunte Spiel der Ereignisse bewegt als durch einen innern starken Drang getrieben waren, hielten zunächst entweder, wie Martin und Dorow, noch in ihren Ansichten an der Situation fest, welche den Bundesgedanken in das Leben gerufen hatte, oder sie folgten, wie Hoffmann, mit jähem Wechsel der Aura popularis und verdammten Preußen, weil Schmalz, wie sie meinten für sein Pamphlet wider die geheimen Verbindungen, den roten Adlerorden bekommen hatte.[1] Martin schrieb an den Buchhändler Reimer in Berlin am 18. November 1815,[2] daß er konvulsivische Stürme und unberechenbares Elend von einem Zusammenstoß der öffentlichen Meinung mit der bestehenden Macht befürchte, und daß Preußen die Rolle zufalle, Deutschland zu retten. „Kurz in fünf Jahren (ich setze einen sehr weiten Termin für die rasche Zeit) ist Preußen Teutschland oder untergegangen."

Und Hoffmann schrieb an Dorow, als er von dem Schmalzschen Orden hörte:[3] „Der Diener eines Staates, wo so etwas

seien. Was sonst noch über eine geplante und teilweise eingeleitete Teilung des Bundes in Gaue unter Gauvorsteher u. ä. bekannt geworden, ist zu unerheblich, um eingehender dargelegt zu werden.

[1] Schmalz hat zwar nichts von dem Hoffmannschen Bunde gewußt, möglicherweise aber von den albernen Bundesplänen des mit Dorow damals befreundeten Steuerrats Vorbstädt gehört.

[2] Veröffentlicht von Jonas in den Preuß. Jahrbüchern 34, 593.

[3] Dorow an Hardenberg, Berlin 2. Dez. 1815. Dr. Dorow will bei seinem Aufenthalt in Baden im November bemerkt haben, daß noch „schwach=

geschehen kann, ist zu beklagen, daß er ihm dienen muß und von keinem, der um des Guten willen seine Freiheit und Kräfte zum Opfer zu bringen bereit war, ist zu erwarten, daß er dieses thun werde, nachdem er die Ueberzeugung erhalten, daß er damit jenen Zweck nicht erreichen könne." [1]

Beide Aeußerungen sind in ihrer Art gleich übertrieben und oberflächlich. Als die Erregung der öffentlichen Meinung abschwellte, wurden auch Hoffmann und Martin still und zogen sich in ihrer amtlichen Thätigkeit, der eine als Justizrat in Röbelheim, der andre (seit 1817) als Amtsadvokat in Homberg von allen politischen Bestrebungen zurück.[2]

Aber die Brüder Ludwig und Wilhelm Snell entwickelten in der Stille ihre politischen Gedanken auf der abschüssigen Bahn zum Radikalismus weiter. „Ich studiere," schrieb Wilhelm Snell am 24. Februar 1816 an Ludwig von Mühlenfels,[3] „die Geschichte der Revolutionen, welche den Völkern, solange sie nicht in orientalische Tierheit und Sklaverei zurücksinken (und davor schützt uns Geisteskultur und Geistesbe-

köpfige Ueberbleibsel" des Hoffmannschen Bundes vorhanden seien. Nicht uninteressant, obwohl durch seine Wichtigthuerei vielleicht übertrieben, sind seine Aeußerungen über den Eindruck des Schmalzschen Falles in Süddeutschland. In Weinheim und Heidelberg habe er Landleute in einem Weinhause sprechen hören: „Da in Berlin hat ein Geheimrat all die Männer denunziert, welche früher schon gegen Frankreich waren, und man gab ihm einen Orden; wo will das hinaus!"

[1] Dorow beruhigte (20. Febr. 1816 Abschr.) Hoffmanns Besorgnis, daß man auch seinen Bund nun verfolgen werde, mit der Mitteilung einer Aeußerung Hardenbergs zu ihm: „Ich erkenne es sehr wohl, was Hoffmann für Preußen gewirkt hat; wie kann ihn das bewußte Dekret (gemeint ist die bekannte Verordnung vom 6. Jan. 1816 über die geheimen Gesellschaften, vgl. Treitschke 2, 117 und 3, 752) beunruhigen; es ist ja deutlich darin die Rede von der Zukunft, doch nie an Vergangenheit gedacht."

[2] So beteuern auch beide in ihren Verhören. Martin veröffentlichte 1824 wieder eine Schrift über landständische Verfassung.

[3] Abschr. in den Mühlenfelsschen Untersuchungsakten, citiert in § 171 des Hauptberichtes der Zentraluntersuchungskommission von 1827.

bürfnis) ebenso notwendig sind, wie dem einzelnen Menschen das Atmen." Er begeistert sich für die Häupter der französischen Nationalversammlung, für die ersten Jakobiner. „Ueberhaupt hat die französische Revolution in der Zeit ihrer Reinheit den Charakter einer mächtig ergreifenden Erhabenheit, und das Faktum, daß es wirklich eine Epoche in der Geschichte der Menschheit gegeben hat, wo eine Konstitution wie die von 1792 von einer großen Nation gemacht und angenommen worden ist, finde ich noch nie in seiner ganzen Größe gewürdigt. Herr Arndt und seine Nachbeter wollen dies zwar nicht zugeben, dagegen sind dessen letzte Schriften auch schon jetzt in die verdiente Vergessenheit gesunken, da jene Erscheinung noch nach Jahrtausenden Denker und Staatsmänner mit staunender Bewunderung erfüllen wird."

Auf den ersten Blick, welch ein Abstand von den Ideen des Jahres 1814. Keine Spur mehr von Teutonentum und Haß gegen Fremdherrschaft und französisches Wesen. Auch das hat der Schreiber vergessen, daß er ein Jahr zuvor noch für Preußens Oberherrschaft hat wirken wollen. Er spottet über Arndts „hochherzigen Preußenkönig", der den Schmalzschen A.... wisch in Schutz nehme, was freilich „von einem so großen Manne wohl zu begreifen, nachdem in diesem Streit auch das Bedürfnis nach Landständen, nach Preßfreiheit u. s. w. zur Sprache gekommen und laut geworden war." Hat wirklich nur die Enttäuschung des zweiten Pariser Friedens und die Schmalzgeschichte diese Wandlung der Gesinnungen so schnell und so gründlich hervorgerufen? Erinnert man sich seines Briefes vom 30. Juli 1814 an Welcker und seiner sonstigen Aeußerungen aus diesem Jahre, so wird man sie anders verstehen. Für eine solche intensive Sehnsucht nach einem Wirken auf eine große Gemeinschaft, einem solchen Drange unklarer, aber kräftiger Gefühle mußte immer das jeweilig verheißungsvollste und unbestimmteste Ziel das lockendste sein; darum das Ergreifen der Deutschen Gesellschaften und des Hoffmannschen Bundes. Aber am kongenialsten war ihm doch schließlich der kosmopolitische Liberalismus, weil er der bestimmten Schranken entbehrte, welche der Gedanke der nationalen Eigenart und der preußischen Hegemonie immerhin auferlegte. Um die Entfaltung dieses von Hause aus vorhandenen Keimes zu begreifen, wird man daher auch der Einwirkung der engeren politischen Verhältnisse im Herzogtum Nassau kein übergroßes Gewicht beilegen. Was hier geschah, hat das Feuer wohl genährt, aber nicht entzündet. Es ist bekannt, welchen Eindruck es machte, daß die Regierung vier Jahre nach der Verkündigung der Verfassung von 1814 verstreichen ließ, bis sie die Ständeversammlung einberief und während dieser Zeit eine Reihe der wichtigsten organisatorischen Gesetze erließ, für welche verfassungsmäßig auch die Stände zu befragen gewesen wären. Ob nun, wie Sauer auf Grund der Akten meint,[1] die Regierung sich thatsächlich mit allem Ernst bemüht hat, die Berufung zu beschleunigen, oder ob Steins Vorwurf der absichtlichen Verschleppung doch nicht ganz ungegründet war, macht für die Wirkung der Verzögerung nichts aus. Für die gärenden Elemente war die durch die einseitigen Maßregeln der Regierung hervorgerufene Unzufriedenheit der nächstliegende Angriffspunkt. Als die Stände 1818 endlich berufen wurden, ergriff Wilhelm Snell, damals Kriminalrichter in Dillenburg, die Sache der ehemals oranischen Landesteile, in denen noch von alters her ein freierer, von den Niederlanden her angewehter Geist lebte. Er war der Verfasser einer Denkschrift der Städte Dillenburg, Herborn und Haiger für die Ständeversammlung, welche das erste Programm der liberalen Partei in Nassau ist.[2] Unter den hier erhobenen, schon von Stein nachdrücklich vertretenen Beschwerden hat namentlich die Frage des Domäneneigentums das Land noch in der Folge in Atem gehalten und ist dem Liberalismus hier wie in andern deutschen Staaten eine unübertreffliche Schule der Gymnastik geworden.

[1] a. a. O. S. 101 f.
[2] Sauer, S. 111 ff.

Wilhelm Snell war natürlich weniger durch die konkreten Beschwerdepunkte als durch die gute Gelegenheit getrieben, hier einen „Erstlingsversuch ständischer Volksthätigkeit" zu inaugurieren. Die wahrscheinlich von der nassauischen Regierung inspirierte Polemik der Rheinischen Blätter gegen Wilhelm Snell traf, wenn auch gehäſſig übertreibend, doch nicht weitab davon. Eine zweite Denkschrift, die darauf Wilhelm Snell zur Verteidigung für die Städte schrieb, bot der Regierung, der er schon von der Zeit der Deutschen Gesellschaften her unheimlich war, die Handhabe, ihn aus dem Dienste zu entlassen.

Nicht so in die Oeffentlichkeit trat Ludwig Snells Name. Aber scharf und sicher ging er seinen Weg weiter. Auch seine eigentliche Herzenssprache war nicht der nationale Schwung von 1814 gewesen. Nur jemand, der die Stimmung von 1814 innerlich überwunden hatte, konnte später im Verhöre sagen, daß solche Worte wie „herrliche deutsche Männer" und „Urkraft des deutschen Geistes"[1] Ausdrücke gewesen seien, mit denen man in damaliger Zeit sehr freigebig gewesen sei.[2] Ihm widerstrebte, wie er einmal an Ernst Löning schrieb,[3] das stille Grübeln über die Vergangenheit, nicht nach Prinzipien, sondern nach dunkeln schmerzlichen Gefühlen. Dadurch werde nicht Einsicht, Kraft und höhere Bildung, sondern Schmerz, Zweifel, Misanthropie und Jammer gewonnen. Auch er empfand, wie wohl jede tiefere theoretische Natur einmal, die Sehnsucht nach praktischer Bethätigung in der Welt. Aber wo sollte er sie damals befriedigen? „Man könnte eine Maus in Deutschland laufen hören — so still ist es."[4]

In dieser Stille schritt er nun kühn und rücksichtslos zu Folgerungen vor, die einen inneren Zusammenhang mit den

---

[1] Wie er sie in dem Briefe an Eberts vom Dez. 1814 gebraucht hatte, s. o. S. 40.
[2] Verhör 26. Juli 1820.
[3] 10. Aug. 1816 Abschr.
[4] a. a. O.

beiden verhängnisvollen Thaten des Jahres 1819 haben. Berauschte sich sein Bruder Wilhelm an dem schimmernden Bilde der Erstlingstage der französischen Revolution, so war es seine Art, sich dialektisch klar zu werden. „In unseren Sanitätsentwürfen sind wir etwas weiter geschritten," schrieb er zu Ende des Jahres 1815 an Ernst Löning in Heidelberg;[1] und nun entwickelt er ihm in medizinischem Gewande ein Programm, welches auch auf einen unreifen Leser, wie Ernst Löning es war, den Eindruck machen mußte, daß das Staatswesen dermaßen verfault sei, daß nur gewaltsame Mittel es retten könnten.[2] Bei einer inneren Störung des Gleichgewichtes und der natürlichen, wahren Verfassung aller Kräfte, so entwickelte ihm sein früherer Lehrer, könnten die natürlichen Rechte eines jeden Teils in dem System des Organismus nicht durch eine allmähliche vermittelnde Operation wiederhergestellt werden, sondern nur durch scharfes und drastisches Wirken von den leidenden Teilen auf die bösartige Influenz.

Ein in Ludwig Snells Papieren vorgefundener eigenhändiger Aufsatz, den er selbst in die letzte Zeit seiner Idsteiner Thätigkeit verlegte,[3] führte aus, daß alle Reformen von oben unnütz und nichtig seien, solange die höchste öffentliche Gewalt nicht in dem Willen der Nation, sondern in dem eines Einzigen oder einer Minderzahl beruhe.

Ludwig Snell war kein aktiver Revolutionär wie Karl Follenius,[5] den er persönlich kannte und hochschätzte. Ihm ward

[1] S. Beilage 3.
[2] So erklärt auch Ernst Löning in dem Verhör vom 16. Okt. 1819, er habe den Brief dahin verstanden, daß jeder in seinem Kreise die Ansicht verbreiten müsse, daß gewaltsame Mittel nötig seien. Vergeblich versuchte L. Snell im Verhöre diese Tendenz des Briefes abzuschwächen.
[3] Verhör 25. Jan. 1820.
[5] Sein Vater, der Oberschulrat Snell, charakterisiert ihn in einer Eingabe an Hardenberg (Weilburg, 29. Aug. 1820): „Mein Sohn hat von jeher wohl etwas zu viel in wissenschaftlichen Spekulationen gelebt, ohne jedoch daran zu denken, seine idealischen Geistesprodukte in dem praktischen Leben zu realisieren."

das Glück, aus den für ihn unerträglich gewordenen Verhältnissen in Nassau, wo ihn das Mißtrauen der Regierung im Jahre 1817 bei der Reorganisation des höheren Schulwesens durch eine empfindliche Zurücksetzung traf, herauszukommen. Auf Vorschlag Johannes Schulzes wurde er von der preußischen Regierung als Gymnasialdirektor nach Wetzlar berufen und widmete sich nun mit ganzer Kraft und, wie ihm alle seine Vorgesetzten und seine neuen Mitbürger bezeugten, mit glänzendem Erfolg der Aufgabe, die Anstalt aus tiefem Verfalle emporzuheben.[1] In dieser gesundenden Thätigkeit scheint er auch in seinen politischen Ansichten maßvoller geworden zu sein, so daß ihn Karl Löning zu Anfang des Jahres 1819 schon fast lau geworden gegenüber der „reineren Idee" findet.[2] Noch ungelöst ist bisher die Frage, ob Karl Löning bei seinem Mordbeginnen am 1. Juli 1819 Mitwisser gehabt hat. Gegen den Münchschen Bericht von einer geheimen Verabredung zwischen ihm, Paul Follenius und einem dritten hat Hermann[3] nicht unerhebliche kritische Bedenken erhoben, die freilich nicht die Möglichkeit beseitigen, daß Münch gerade für diese Frage aus Paul Follens mündlicher Erzählung geschöpft hat. Daß mindestens aber die Kreise, aus denen Löning seine Eindrücke empfing, moralisch mitschuldig waren, ist von Treitschke unwiderleglich dargethan und mag auch durch unsern kleinen Beitrag bestätigt werden.[4] An diesen Idsteiner Kreis hat Löning sicher gedacht, als er

---

[1] Altenstein an Schuckmann 9. Dez. 1819; vgl. L. Snells Leben und Wirken S. 20, Varrentrapp, Joh. Schulze S. 211.
[2] Erwähnt in dem Vortrage der Zentraluntersuchungskommission über Karl Lönings Attentat, aus dem auch Genths Aufsatz (Ann. des Vereins f. Nass. Altertumskunde und Geschichtsforsch. 13, 1 ff.) schöpft.
[3] Forschungen zur Deutschen Geschichte 23, 573 ff.
[4] Bemerkenswert ist das lichte Bild, welches L. Snell in einer Eingabe an den Herzog von Nassau 9. Aug. 1819 von K. Lönings Persönlichkeit entwirft. Er behauptet begreiflicherweise auch, daß Lönings und Sands That nur die eines einzelnen gewesen — daß Karl Löning ein Liebling L. Snells war, bezeugt auch der Pfarrer Dombois.

nach seiner That erklärte,[1] die große Menge werde sie als abscheulich verwerfen, eine kleinere Anzahl im stillen billigen, eine noch kleinere ihn beneiden.

Es wird nun hoffentlich nicht nur der Eindruck geblieben sein, daß eine kontinuierliche Entwickelungsreihe des politischen Denkens vorliege, die von der unklaren nationalen Begeisterung des Jahres 1814 durch den zeitweilig gepflegten Gedanken der preußischen Hegemonie hindurch zum gewaltthätigen Radikalismus führe. So gewiß diese Etappen erkennbar sind, so ist es doch nur ein Gesichtspunkt neben andern, der keineswegs alles erklärt. Sowohl bei Ludwig wie bei Wilhelm Snell sahen wir, daß weder die Gedanken von 1814, noch das kurzlebige preußische Programm von 1815 sie so im Innersten ergriffen, wie ihren reinsten Vertreter, Ernst Moritz Arndt, der aus tiefer Ueberzeugung nicht aufhörte, in Preußen den Herrn zu sehen, dem wohl auch ein Stärkerer als zehn St. Christophe sich dienstbar machen möchten.[2] Die kurze Zeit zusammengehenden Geister schieden sich bald.

Nicht die Abwandlung der politischen Ereignisse schlechtweg hat jene Entwickelungsreihe in das Leben gerufen, denn geistige Bewegungen werden nicht bloß durch dergleichen bebestimmt; auch das genügt noch nicht zu sagen, daß sie mit beeinflußt worden sei durch die Eigenart der hervorragenderen Persönlichkeiten, sondern diese erscheinen von Hause schon wie prädestiniert zu je einer der Stufen der Entwickelung. Eine jede von diesen Stufen ruft sich ihre eigenen Geister zu ihrer Vertretung heraus, die nur der Losung harren, um ihre Eigenart ganz zu entfalten. Zu den Mordthaten von 1819 lag der Keim tiefer gepflanzt, als in den Enttäuschungen des Jahres 1815. Von Anfang an barg die Bewegung der Nassauer Freunde einen dunklen Kern, der anders erklärt werden will, als aus

---

[1] Verhör vom 16. Juli 1819, erwähnt im Verhör Ernst Lönings 11. Apr 1820.
[2] Erinnerungen aus dem äußeren Leben S. 239.

der gleichsam mechanischen Wirkung der Befreiung Deutschlands auf die Gebildeten in den Rheinbundsstaaten. Das große Prinzip der deutschen Geistesbildung um die Wende des 18. und 19. Jahrhunderts, die Entwickelung der individuellen Kraft und ihre Erfüllung mit begeisternden Ideen, von dem auch die Jugendbildung der Brüder Snell zu ihrem Teile befruchtet war, hat neben allem unendlich Schönen und Segensreichen auch ein gefährliches Gift ausgelöst als tragische Nebenwirkung.

Beilagen.

1. Wilhelm Snell an Karl Theodor Welcker.[1]

Ein Deutscher zu einem Deutschen!

Deinen Brief samt Einlage habe ich nun erhalten, beherzigt, wie er von Herzen kam und den Unsrigen mitgeteilt. Wir sind ganz Deiner Meinung, wie denn überhaupt Männer, die von einer den ganzen Menschen ergreifenden und unablässig fortstürmenden Idee getrieben werden, nur in einzelnen Nebendingen voneinander abweichen können. Es ist nur äußerst notwendig, daß wir uns bald wieder bereden. Einer muß also diese große Wanderung unternehmen nicht nur, um uns unsre Ideen zuzutragen, sondern auch unsern Verein zu erweitern. Da nächstens unsre Ferien anfangen, so werde also ich bei Euch in Butzbach und Gießen erscheinen und noch einen oder einige Geprüfte mitbringen. Hier einstweilen nur folgendes: Wer unter einem Volke lebt, das Volkstümlichkeit und Volkstugend hat, kann kein höheres Streben haben, denn als Teil dieses Volkes zu leben und zu wirken, und wenn es sein muß, zu sterben, — mit den Idealen, die ihn als Menschen begeistern, das Volk in seiner Eigentümlichkeit zu ergreifen. Wir leben in einem solchen Volke, deshalb bei uns gleiche Sehnsucht nach gleichem Ziele. Aber so wie die, die für das Wohl eines einzelnen Menschen arbeiten wollen, immer sich nach den Be-

---

[1] Nach einer beglaubigten Abschrift.

bürfnissen, nach dem Zustande, den der Mensch gegenwärtig hat, in ihrem Wirken richten müssen, seine jetzigen Tugenden erhalten, seine jetzigen Fehler vertilgen müssen, so ist es auch bei dem Wirken für ein Volk. Nur durch die Rücksichtnehmung auf dessen bei jedem Wirken gegenwärtigen Zustand kann unsere Vereinigung ein Bund für die Ewigkeit und etwas mehr werden, als die Bemühungen von Männern, die voneinander abgesondert für die Menschheit, aber nicht als Teil ihres Volkes arbeiteten. — Ein Bund ist nur das Mittel, um dem Volke mehr Festigkeit und Einheit zu geben, woran es ihm hauptsächlich fehlt. Da aber jetzt noch fast allein der Mittelstand so weit gediehen ist, daß er für eine Idee reif ist, so geht unsre Absicht vornehmlich dahin, alle Edeln des Mittelstandes zum Streben für das Volk zu vereinigen und mit seinen Armen das ganze Volk unsichtbar zu umfassen und so zu Einem zu umschlingen. Der Bund hat also notwendig drei Klassen der Mitglieder:

1. Die enger befreundeten, bis jetzt sind wir diese: diese sind die Seele des Ganzen, in ihren Versammlungen muß das Geheimnis herrschen, unter sie werden die Geprüftesten und Würdigsten aufgenommen, die ohne allen Egoismus, ohne Feigheit, ohne Ehrgeiz alles für die reinere Menschheit aufopfern können.

2. Rechtschaffene Männer aus allen Ständen, ohne allen Unterschied, welche nach Arndts Rat und Belehrung öffentliche Gesellschaften bilden, sich über allgemeine Interessen dabei besprechen, durch Lieder und Erzählungen erwecken, durch Lesung zu haltender Volksschriften bilden und stärken und von Zeit zu Zeit durch Volksfeste ermutigen und innig vereinigen. Die Seele des Ganzen muß hier unsichtbar kräftig mitwirken, ihre Ideen verbreiten und die ihrer Geheimnisse Würdigen kennen lernen und herausziehen.

3. Das ganze Volk, auf das man wieder durch die zweite Klasse, Schriften und Beispiel wirkt: die deutschen Gesellschaften

sind aber das Hauptorgan. Durch diese und ähnliche Mittel, wie Du sie in Deinem Aufsatze begriffest, müssen wir mit Achtung der Staatsgesetze auf die Bildung der Deutschheit, die äußerlich sichtbar noch gar nicht existiert, hinarbeiten. Nun müssen wir aber auch auf ihre Erhaltung denken. Es gibt vornehmlich zwei Gefahren, wodurch die Verfassung und das damit bestehende Volksglück von außen untergeht, 1. der Weg der gewaltsamen Umstürzung durch Regenten oder das Volk selbst. Es ist also Hauptgegenstand für wahre deutsche Männer, zu besprechen, was im Augenblicke der Gefahr für das Vaterland zu thun sei. In betreff der Garantie der einzelnen sind wir jetzt ebenfalls ganz einverstanden mit Dir, sowie auch der Unterstützungen u. s. w. Die erste Ursache, warum soviele in Gefahren untergehen, ist die, weil sie so wenig im ruhigen Zustande sich damit bekannt machen, so selten daran denken, davon reden mögen, also unvorbereitet überfallen werden. Im Zustand der Ruhe kann der einzelne für sich sehr viel für das Vaterland thun, aber in kritischen Augenblicken bedarf es der vereinigten Kraft edler vorbereiteter und mit dem drohenden Schicksale schon vertrauter Männer; solcher zehn können ein Schicksal beherrschen, dem tausend überraschte Verzweifelnde unterliegen. Wären die Girondisten, die Edelsten Frankreichs, so in sich vereinigter, stärker und auf alles vorbereiteter und gefaßter gewesen, nie hätte die wütende Bergpartei ihr Blut getrunken. Was kann der einzelne, wenn er nicht weiß, was der andre thun wird, und in diesem Wissen, Glauben und Vertrauen eines gegen den andern besteht ja ein Bund, liegt ja seine Kraft; ohne eine Vereinigung über das Wirken in der Gefahr endete also in dem Augenblicke unser Bund, wo das Vaterland ihn eigentlich nötig hat. Ein Freund verlangt ja vom Freunde zu wissen, ob er in der Stunde der Gefahr auf ihn bauen könne, und ein Vaterlandsbund sollte dem Vaterlande nicht zuschwören: du sollst uns prüfen, wenn ein Feind dir entgegentritt? — Die Gegenwart Deutschland, seine jetzigen Aus=

sichten machen dies alles noch wichtiger. 2. Der andere Feind von Freiheit und Glück eines Volkes von außen ist die Gewaltthat fremder Völker. Krieg wird Deutschland bald haben und zwar mit Frankreich; da muß sich das Volk helfen und wir sind ein Teil des Volkes, müssen also mithelfen. Vor allem ist also notwendig, das Volk kriegerischer zu machen, es in den Waffen zu üben, ihm Tyrannen- und Franzosenhaß einpflanzen und, kommt die Gefahr, mit ihm (d. h. jeder von uns, dem Körperstärke und Familie es erlauben) aufzustehen: aber als Deutsche, nicht als Nassauer, Darmstädter ꝛc.; deshalb, soweit wir nur reichen, freiwillig unter einem freiwillig gewählten Anführer. Dann wird man Freiwillige nicht mehr wie Buben behandeln. Mündlich von dem allem mehr, hier nur diese flüchtige Idee. Fügest Du die Ideen, die in meinem Aufrufe enthalten sind, zu den Deinigen, insofern sie nicht schon eins sind, so werden wir ganz vereinigt sein. Ich komme nun nächstens, und dann das Weitere: Nun noch ein Wort über das, was wir gethan haben. Wir hatten neulich eine Zusammenkunft in Königstein mit Justizrat Hoffmann, wo wir über obiges und anderes viel sprachen. Dieser ist ein Mann von vieler Thatkraft und Hochherzigkeit. Heute erhielt ich von ihm eine große Menge Volksschriften, die unter das Volk verteilt werden. In Idstein besteht jetzt eine große Deutsche Gesellschaft, die sich erweitern wird, hier bin ich im Begriff, eine zu veranstalten; in Camberg ist sie im Werden, man muß die Kränzchen, Klubs und dergl. dazu benutzen; im Amte Wallau werden wir eine solche jedesmal im Freien zu stande bringen. Alles ist im Geiste für unsre Zwecke vorbereitet: nur mutig ans Werk, engere Verbindungen edler Männer sind in Vogelsberg, Fuld, Hessen, im Bergischen, mit denen wir ganz oder zum Teil uns vereinigen müssen. Vorgestern hatte ich eine Zusammenkunft mit Geistlichen jenseits des Rheins veranstaltet. Sie ergriffen begeistert meine Ideen. Die beiden Präsidenten der Konsistorien in Kreuznach, Schneegans und Eberts, werden mit an die Spitze des dortigen Vereins treten und da sie alle Edeln des Landes kennen, uns junge, raschere und kühnere Leute zuführen, die wir für den engsten Verein erlesen können. Denn jene älteren Männer treten nur zu uns, als in den allgemeineren Bund aller Edeln des Volks zu seinem Besten, und dazu sind Geistliche vortrefflich. Mit den Ueberrheinern werde ich nun im September eine große Zusammenkunft auf dem Niederwald bei Rüdesheim halten. Wer kann, muß jetzt reisen und Apostel sein. Doch die Post wird geschlossen. Die herzlichsten Grüße von allen Freunden und von mir an alle. — Ueber alles und besonders noch die Zeitschrift[1] nächstens ausführlich von Angesicht zu Angesicht, von Herz zu Herzen: auch über Deinen Entschluß wegen des Professi (sic!) in Kiel bin ich begierig, in Kenntnis zu kommen.

Ich bin unwandelbar

Dein

Wiesbaden, den 30. Juli 1814. Freund und Bruder

W. E.

Den Usinger Aufsatz ꝛc. werde ich mitbringen.

Bericht Wilhelm Dorows an Hardenberg über den Hoffmannschen Bund.[2]

Paris, den 30. August 1815.

Ew. Durchlaucht wage ich es im allgemeinen die Darstellung zu machen, wie ich in Teutschland alles verlassen. Als das Dekret 22. Mai 1815 über Repräsentation erschien, atmete nicht allein der Norden, sondern auch der Süden

[1] Der Plan einer politischen Zeitschrift wurde auch in den folgenden Jahren von den Ibsteiner Freunden oft erwogen.

[2] Nach dem Original in den Dorowschen Untersuchungsakten. Die ersten Mitteilungen über den Bund hatte Dorow an Hardenberg am 25. Juni gemacht.

Teutschlands frei auf. Jeder brave, denkende Mann erkannte darin das Ungeheure, was Preußen dadurch wagte, beschloß aber das Vertrauen der Regierung, womit sie zugleich den Zeitgeist aussprach, und ganz Teutschland in sich vereinigte, mit unerschütterlicher Treue zu rechtfertigen, und so betrachtete jeder Teutsche Preußens Angelegenheit als die seinige! — Es bildete sich in nichtpreußischen Provinzen, aus freiem Antrieb der sogenannte teutsche Bund in verschiedener Gestalt, welcher nicht geldvermögend, aber reich an Willen, eigen Vermögen nicht schonte, um durch Teutschland Männer zu senden, den Geist zu heben und Preußen als Brennpunkt und Einigungspunkt für Teutschland in alle Gemüter darzustellen. Schnell ergriffen die Braven der glorreich erwachten Nation diese Idee, vereinigten sich durch Handschlag und Schwur, und so hat sich eine Kette kräftig wollender Männer gebildet. Doch die Mittel, welche einzelne freudig darboten, sind erschöpft durch Reisen, welche in mehrere Gegenden gemacht wurden. Der Bund ist in einer kritischen Lage! — Nicht dazu gehörend im formellen Sinn des Worts, (denn ich bin Preuße, fühle es und wozu durfte ich mich verbinden und schwören, dem Staate bis in den Tod treu zu sein, der durch Ew. Durchlaucht Gesetze erhält?), hat man mich zum Vertreter desselben ernannt, um zu hören und zu sehen, was man von demselben erwartet, ob man ihm einige Wirksamkeit vertraut und ihn nicht sinken lassen will.

Der Bund hat größeren Umfang gewonnen und dürfte der Aufmerksamkeit wert sein, auch vielleicht zu schade, daß er nur als Ideal kräftig versammelter Männer zu Grunde ginge. Schwer, sehr schwer dürfte es aber sein, und die Aufgabe nur von groß umfassende Geister zu lösen, die gärende Stoffe, welche zum Teil durch unsäglichen Ehrgeiz getrieben werden, in harmonischem Einklang zu erhalten.

Mein Leben ist mir von dem Augenblick erst teuer und lieb geworden, seitdem ich mir im Herzen unerschütterliche Treue gegen Sie, edelster Fürst, gelobte; daher wagte ich es stets zu sprechen, wie ich es in meinem Herzen fühle.

Nie kann ein Zeitmoment kommen, der alle Gemüter so empfänglich für alles macht, was Preußen betrifft, der so klar und offen unter allen Bedrückungen wälschteutscher Machthaber es ausspricht, daß Preußen ihm das höchste Ideal ist, als der gegenwärtige. O! Ew. Durchlaucht, verwenden Sie einige Augenblicke, um Maßregeln zu ergreifen, diesen herrlich erwachten Geist durch ganz Teutschland zu erhalten, denn der Neid, der Haß und die Dummheit werden sich doch über kurz oder lang verbinden zu einem Kampf auf Leben und Tod gegen die Intelligenz, denn das bequeme Satrapenvolk hält für gemächlicher in der Dummheit und Knechtschaft den Einigungspunkt zu suchen, als in der Seele des freien aus Ueberzeugung des Guten gehorsamen Mannes!

Unterstützen daher Ew. Durchlaucht den Bund indirekte, und lassen gewähren, daß Mitglieder fortfahren, für Preußen Liebe, Achtung und Verehrung zu erwecken und zu erhalten. Einzelne durch Ehrgeiz, viel und feurig wollendes Wirken getriebene Männer, wären ja wohl durch Formen und Rituale zu beschäftigen! —

Um Ew. Durchlaucht hierüber den ausführlichsten Vortrag zu machen, weil man so etwas nicht schreiben darf, kam ich hauptsächlich hierher, und um endlich auch die Erlaubnis zu holen, das schön Vorbereitete in Barby zu beginnen.[1] Gewähren mir daher Ew. Durchlaucht huldreichst recht bald eine Audienz, auf daß ich aus diesem Sündennest zu thätiger Wirksamkeit nach Teutschland zurückkehren kann. Geben Sie, gütigster Fürst, mir Ihre huldvolle Zuneigung und Vertrauen mit nach dem schönen Teutschland, so habe ich das Schönste für mein Leben errungen! —

Wilhelm Dorow.

[1] Es handelt sich um den Plan, aus freiwilligen Beiträgen ein Veteranen- und Invalidenhaus in Barby zu errichten.

3. Aus einem Schreiben Ludwig Snell's an Ernst Löning. Ende 1815.[1]

... In unsren Sanitätsentwürfen sind wir etwas weiter geschritten. Als Doctor medicinae wird Sie diese Sache auch etwas interessieren. Unsre Ansicht des menschlichen Körpers hat sich um einiges geändert. Wir Freunde dieser Wissenschaft gehen jetzt genau von dem inneren Bau des Körpers aus, und unser Resultat ist, daß bei einer inneren Störung des Gleich= gewichts und der natürlichen wahren Verfassung aller Kräfte jedesmal das freie Walten der Kräfte und die natürlichen Rechte eines jeden Teils in dem System des Organismus nicht durch eine allmähliche vermittelnde Operation hergestellt werden könne. Denn dieses allmähliche Vermitteln müßte entweder von den gebrückten Teilen des Organismus ausgehen und auf die übermächtigen wirken sollen, oder von den prä= ponderierenden kommen und dann heilend auf die affizierten Teile wirken. Beides ist unmöglich. Im ersten Falle wirkt man (hier ist immer die Rede von dem allmählichen Ver= mitteln oder dem System des freundschaftlichen Verhältnisses der alten Aerzte) schwach, weil man lindernd, sozusagen ge= fällig wirkt; man wirkt von einem zu geschwächten Teile, und endlich man wirkt auf scharf entgegenstrebende mächtige Stoffe — es kommt also nichts als Ohnmacht heraus und das Uebel bleibt. Im zweiten Fall operiert man von einem fest und bestimmt gebildeten Krankheitsstoffe aus — alles, was man daher ihm nähert, wird sich vermöge der Schärfe und Stärke seines inneren Lebens in seine Natur verwandeln — man vermehrt also das Uebel und verstärkt dasselbe. Die einzige wahre Art, den gestörten Organismus zu retten, ist

---

[1] Daß es nur aus dieser Zeit stammen kann, weist das Schreiben des nassauischen Ministers von Marschall an Schuckmann vom 3. Novem= ber 1819, mit welchem er die unserm Drucke zu Grunde liegende Ab= schrift übersandte, überzeugend nach.

also scharfes und drastisches Wirken von den leidenden Teilen auf die bösartige Influenz. Die ganze Schlußreihe beruht auf dem Satze: daß, sobald sich eigentlich **bösartige Geister** in den Organismus eingeschlichen haben, diese einen scharfen Gegensatz mit den guten natürlichen bilden, und dieser Gegensatz nicht gehoben werden kann durch **Verwandlung** der bösen in gute (Assimilierung) — wie die Erfahrung und die Philosophie lehrt — sondern durch Uebergewicht, entweder des schädlichen (wodurch dann alles verschlechtert) oder des Guten (wodurch das Böse weicht). Daraus dann der Satz des Hippokrates deutlich ist: quae non medicamentis igne, quae non igne ferro sunt sananda. Die beste Methode in der Praxis scheint mir nun die, daß man überall einige Grundteile des ganzen Organismus mit den der drastischen Mitteln erfüllt (sic!) — diese mögen dann um sich herum jeder nach seiner Natur diese Medikamente verbreiten, diffundieren und zersetzen. Dabei können Palliativmittel nur (sic!) angewandt werden, aber nur als Nebenmittel, als Präparative, um den wahren Heilmitteln den Weg zu bahnen. Der Brownianismus dünkt mir demnach immer noch das wahrste System.

Das war eine langweilige medizinische Demonstration; indessen, ich liebe diese Wissenschaft; Browns Lehre von den Potenzen hat mich sehr angezogen und seitdem spreche ich immer gern davon. Vielleicht komme ich die Weihnachten zu Ihnen. Dann können wir weiter davon reden. . . .